AF501863

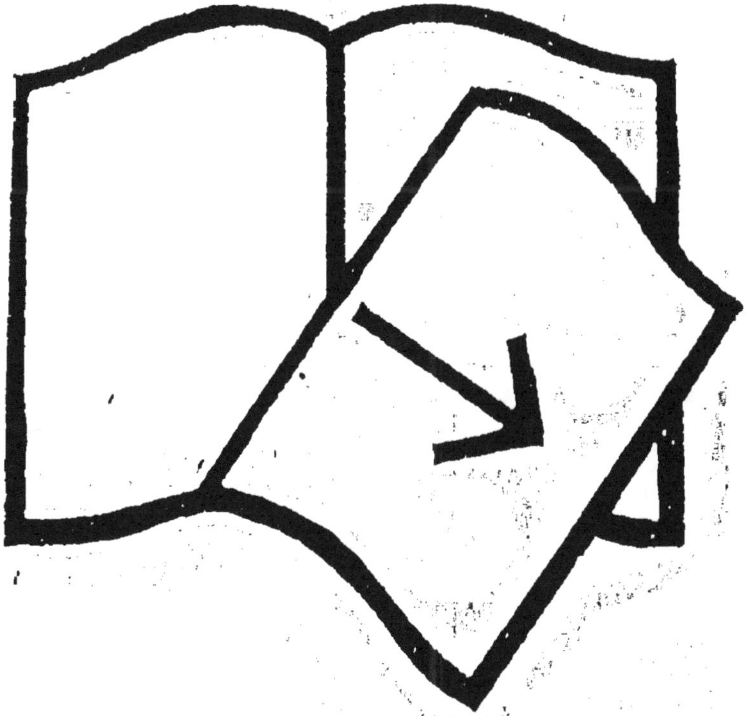

Dans la Brousse

ŒUVRES

DE

Paul Bonnetain

ROMANS ET CONTES

Le Tour du Monde d'un Troupier (épuisé) . . . 1 vol.
Charlot s'amuse (épuisé) . . . . 1 vol.
Une Femme a bord (épuisé) . . . . 1 vol.
Autour de la Caserne . . . . 1 vol.
L'Opium . . . . 1 vol.
En Mer . . . . 1 vol.
Le nommé Perreux . . . . 1 vol.
Amours nomades . . . . 1 vol.
Passagère . . . . 1 vol.
Dans la brousse . . . . 1 vol.
Premières étapes . . . . 1 vol.

VOYAGES

Au Tonkin . . . . 1 vol.
Histoire d'un paquebot (illustré) . . . . 1 vol.
L'Extrême-Orient (illustré) . . . . 1 vol.

THÉATRE

La Pelote, trois actes (en collaboration avec M. L. Descaves) . . . . 1 vol.
Après le Divorce, un acte . . . . 1 vol.

PAUL BONNETAIN

Dans la Brousse

(SENSATIONS DU SOUDAN)

PARIS
ALPHONSE LEMERRE, EDITEUR
23-31, PASSAGE CHOISEUL
NEW-YORK, 13 WEST 24th STREET

M DCCC XCV

A Monsieur Amand Delacroix,

Permettez-moi, je vous prie, de vous dédier ce livre comme au meilleur, comme au plus cher de nos amis...

Sous forme de nouvelles, de tableaux, et, parfois même, de brefs croquis, j'ai tenté de condenser mes sensations soudanaises...

Puissent ces pages, à la veille de notre nouvel exil, vous permettre de vous imaginer cette brousse africaine au fond de laquelle votre affection ne nous abandonna jamais...

Au surplus, il importe peu que je sois peintre impuissant et piètre évocateur pourvu que vous voyiez en cette dédicace un cordial témoignage de ma reconnaissante et filiale tendresse.

PAUL BONNETAIN.

Paris, août 1894.

LE CONFRÈRE

A Gustave Geffroy.

LE CONFRÈRE

Vers le soir, un *griot* est venu devant ma tente...

Un *griot* jeune ou n'ayant pas assez vécu, maigre encore, la bouche tendre, l'œil un peu resté naïf...

Il portait un *boubou* trop vieux, mais propre ; et sa minuscule guitare, la caisse en forme de sébile, montrait des cordes neuves.

En chantonnant, il m'a salué ; puis, silencieux et digne, il s'est accroupi.

Mais j'ai suivi la direction de ses regards, et j'ai compris qu'il avait faim, car il contemplait la cuisine que mes noirs préparaient en plein air.

Alors je lui ai fait servir une calebasse de *couscous* et une demi-jatte de vin de palme.

Et pendant qu'il mangeait et buvait, je nettoyais mon revolver, — mon revolver qui n'a tué ni ne tuera personne.

Quand le *griot* a eu fini de manger et de boire, il s'est essuyé poliment la bouche, s'est levé et m'a remercié, les doigts déjà sur les cordes de son instrument.

Il préluda, cherchant un accord à lui — bien à lui, — ou à moi.

Et l'on aurait dit un ronflement de grosse mouche...

Puis il fixa mon revolver, et tout de suite il trouva la musique de sa chanson.

La mouche s'était faite guêpe, essaim de guêpes. Elle claironnait, en colère, sur les cordes batailleuses...

Et la chanson disait : « Tu es un grand capitaine, et les plus braves ont peur de toi, car ta balle ne manque jamais son but. »

Il fut si long, l'éloge de mes vertus guerrières, que, gêné, je réintégrai mon revolver dans les fontes de ma selle, — mon revolver qui n'a tué ni ne tuera personne.

Après quoi, je détrompai le *griot* : « Je ne suis pas soldat, » lui dis-je, et je lui montrai sous ma tente, à terre, le tas de livres qu'il faut emporter en voyage, — afin de n'ajouter que des mensonges neufs aux mensonges de ses devanciers.

Aussitôt, sa chanson se remodula, pareille et différente. « Tu es la Science, chantait-elle, le rayon d'Allah !... Ton doigt seul sèche les plaies et cicatrise les blessures... »

Et ce fut très long encore...

Sur la guitare, la grosse mouche ronflait doucement, berçant un sommeil de malade.

Que je ne fusse cependant ni médecin, ni soldat, cela n'était point pour embarrasser le *griot;* car, de démentis en démentis, il chanta successivement ma gloire comme lettré, comme orateur, comme marabout, comme commerçant...

Si bien que pour le réduire au silence, je lui

fis de nouveau servir du *couscous* et du vin de palme.

La mouche et la voix se turent enfin.

Et tandis qu'il re-mangeait et re-buvait, j'appelai mon interprète pour lui demander le rôle et la fonction du *griot*.

Mon interprète me répéta :

« C'est le héraut et c'est le poète... Il chante, et ne travaille pas comme les autres hommes. Il dit la beauté des femmes, la sagesse des anciens, la valeur des guerriers, la prévoyance des trafiquants, l'habileté de ceux qui mènent les palabres...

« Également, il chante les morts... Tantôt il t'a rappelé que ta mère fut belle parmi les blanches et que ton grand-père étonnait les meilleurs cavaliers...

« Et les femmes, les anciens, les guerriers, et ceux qui trafiquent, et ceux qui parlent dans les palabres, et toi-même, ô *toubab*, et nous tous, pauvres et riches, nous le payons pour qu'il nous chante, et, si nous ne sommes rien, pour qu'il chante la grandeur de nos ancêtres dont nous ne savons même plus les noms.

« On le déteste, on le méprise, on l'envie; mais notre orgueil a besoin de ses chants, — et notre cœur, parfois. Il arrive qu'il nous domine; et, toujours, je pense qu'il se moque de nous. Mais s'il lit dans les âmes, il chante, — et il faut bien que quelqu'un chante aussi, parmi les noirs! »

L'interprète, ayant parlé, s'en alla faire *salam*. Or, avant qu'il se fût incliné, fervent, dans la direction supposée de la Mecque, je le rappelai :

« Ce *griot* est mon hôte et ami. Donne-lui sa part de mouton, sa place au feu cette nuit et ces deux *gourdes* d'argent... Prie-le seulement de ne plus chanter, car je chante moi-même... »

L'interprète crut devoir rire, ne comprenant pas qu'on pût être *griot* et noircir du papier.

Et le *griot* ne comprit pas davantage. Et, délicat, il ne voulut pas recevoir l'argent qu'il n'avait point assez gagné.

« Ou qu'au moins, dit-il, le *toubab* veuille bien accepter ce souvenir ! »

Alors, pour en finir, j'ai pris sa minuscule guitare ; et la caisse en sébile me servant d'encrier, j'ai fait du manche un porte-plume.

AUX ENCHÈRES

A Georges d'Esparbès.

AUX ENCHÈRES

Près de huit heures du matin. Dans la grande rue de Kayes...

Sur la chaussée large, l'ombre des rares bâtisses recule, mangée continuellement. La voie ferrée n'a plus qu'un rail, noir et rouge ; l'autre est une étroite coulée de métal en fusion, une flamboyante ornière de soleil...

Et déjà la chaleur pèse. Du ciel trop bleu, il tombe une haleine de four, qui monte aussi du fleuve proche, et, surtout, s'en vient de l'extrémité de la rue, en lente et opiniâtre marée, toujours plus fort. Là-bas, entre les arbres et les toits des hangars, au-dessus du grêle panache de vapeur que souffle une locomotive époumonée, l'incendie de la plaine se devine à la réverbération dont pâlit le couvercle indigo encerclant l'horizon.

Les rares bâtisses se sont closes, bureaux et magasins officiels. Çà et là, des nègres attendent on ne sait quoi, vautrés au pied des murs, comme morts. Un planton noir passe sur son mulet maigre, remet des paperasses à chaque porte, pique des deux enfin; et, retour de la distribution, les derniers troupiers s'en vont aussi, vers le Plateau. Devant eux, ils poussent le wagon plate-forme sur lequel ils ont chargé leurs vivres. Le cadavre d'un porc éventré tressaute sur la pyramide des sacs de pain et des caisses de bouteilles. Puis la tache de la viande cesse de saigner parmi les casques blancs. Les soldats disparaissent; leurs voix s'éteignent; et, victorieuse, durant que là-bas, derrière les arbres et les toits, la locomotive s'entête à glousser, la chaleur s'abat plus lourde sur la rue déserte. Le soleil a conquis les deux rails. Deux ornières flambent à présent le long de la chaussée.

Huit heures... Au rez-de-chaussée du pavillon des Services Administratifs, un store se soulève. Gourmandant des journaliers qui de l'intérieur charrient sur la véranda des coffres, des caisses, des cantines, un commis s'agite. Et dans les pièces voisines, les stores bâillent à leur tour, révélant des bureaux où des scribes paressent. Des officiers en sortent, entourent les colis, la table qu'on installe. Puis, dans les bâtisses voisines, il s'ouvre des bureaux encore; et la vie partout ressuscite sur les vérandas.

Après les employés du commissariat colonial, pour la plupart créoles ou mulâtres des

Antilles, vêtus de blanc, des petits fourriers ou sergents d'infanterie de marine tout pâlots, en grossières vestes cachou...

Quelques-uns franchissent la rue, s'approchent; d'autres viennent de la place voisine. des débits. Plus nombreux, des officiers de tous corps arrivent au petit galop et, en mettant pied à terre devant le pavillon, jettent la bride au palefrenier noir qui, pieds nus, trottait derrière eux. Et des nègres aussi s'empressent, domestiques, ouvriers, ordonnances, spahis, vieux tirailleurs. Peu à peu, Français et indigènes, gradés et non gradés, se massent devant la maison. Et l'on ne voit plus les rails sous leur piétinement, et l'on n'entend plus, dans le brouhaha des conversations, les gloussements de la lointaine locomotive.

Cependant, traduisant les impatiences de tous, un capitaine interpelle le commis; et la vente aux enchères commence, — la *vente après décès*.

« Messieurs, nous ouvrons par la succession du sergent-major Félix Durand : une malle, des effets, une caisse de vivres... »

Sa plume derrière l'oreille, l'employé se baisse, ouvre un coffre, en sort du linge : chemises, caleçons, mouchoirs, — du pauvre linge jauni par les pseudo-lavages des négresses, fripé par les tripotages de l'inventaire. Il trie un premier lot, le brandit, jette une mise que personne ne relève. On cause.

« Un sacré *type*, ce Durand, raconte un fourrier. Le *mercanti* une fois payé, y va pas rester *gras* pour envoyer à sa famille!... »

Une histoire suit. Alors le vendeur reprend, baisse la mise à prix, une fois, deux fois, trois fois ; et fendant les groupes de Français, un *boy* à l'air vicieux s'avance, puis hésite.

« Allons, Mahmadi, lui crie son maître, un officier de spahis, tu m'as assez volé pour t'offrir ça!... »

On rit. Le moricaud tire de la poche de son

boubou une pièce de cent sous, se hausse pour la déposer sur la table du commissaire-priseur, empoigne son butin et, sur place, l'examine, supputant combien il le pourra revendre.

Un second, un troisième lot suivent, linge d'ordonnance et linge personnel, partagés entre des domestiques noirs. Ensuite les chaussures, que des tirailleurs soudanais essayent longtemps de l'œil et, fouettés par la surenchère moqueuse d'un troupier blanc, achètent tout d'un coup, pour se chausser incontinent, très fiers, et, les pieds martyrisés, s'en aller, très vite, sous les quolibets des camarades.

« La malle, maintenant !... »

Par-dessus la rampe, deux sergents se la font passer, l'ouvrent et la referment, s'inquiètent de la clé absente. Des rapatriables, ceux-ci, qui déjà font leurs préparatifs pour rentrer en France. Et leurs amis les regardent d'un œil qui blague et envie.

« Vous feriez bien mieux d'aller à l'hôpital avant de partir, Julot !...

— Plus souvent, mon lieutenant!... »

Sur la face ictérique du sous-off, que coupe un nez aigu, un rire passe, découvrant entre les lèvres pâles des gencives anémiées :

« Vingt-cinq mois de Soudan, c'est assez!... Pas envie de faire comme Durand, moi : du *rabiot* à la mort!... »

Le lieutenant hausse les épaules, revient à la conversation de son groupe; la malle est au sergent. Et brusquement, comme on annonce le tour des vivres, le silence s'établit. Les plus bavards se sont approchés davantage et, collés à la véranda, lisent les étiquettes des boîtes de conserve qu'on empile.

« Des petits pois au jambon!... Du Rodel!... Du Prévet!... Des champignons!... Veine!... »

Par cinq ou dix boîtes « assorties », les conserves s'en vont, chaudement disputées par les chef de *popotte*. Le génie surenchérit sur l'artillerie. Tirailleurs, légionnaires, spahis, commissaires, médecins, misent en même temps; et les interpellations se croisent.

Impassible, habitué à ces luttes, l'employé ne se trouble point, saisit les prix au vol, renvoie le chiffre comme avec une raquette, fait face à tout le cercle; et l'on a le torticolis à suivre la rotation de sa tête affairée.

« Adjugé!... » crie-t-il enfin; et tout en s'épongeant le front, il note au galop le nom de l'acheteur et le prix, car seuls les noirs payent d'avance.

« A un autre!... Succession Jules Henriot, sous-lieutenant : linge, effets, bottes, sellerie, livres, pharmacie, tente, lit de campagne, conserves et liquides... »

A ces deux derniers articles, des « ah! » s'élèvent. C'est le moment des plus basses eaux; les magasins locaux, sans communication avec le Sénégal, sont vides, et les *popottes* démunies se voient réduites aux vivres immangeables de la distribution. Aussi presse-t-on la vente du linge et du reste. Tout a passé d'ailleurs par les appareils de désinfection. On dirait des guenilles ; et la selle seule trouve des amateurs blancs...

— « Une « fine galette ». cet Henriot ! Il était de mes « petits melons », à Saint-Cyr... »

On n'entend pas la fin de la biographie du défunt. Voici que de nouveau des pyramides de boîtes s'élèvent sur la table. Une bataille aussitôt s'engage autour des conserves d'asperges. Des affamés se querellent presque. Le beurre, la choucroute, les flageolets, les navets, les choux, les salsifis, les *pickles*, sont ensuite enlevés en un clin d'œil. Des *boys* font la navette entre la véranda et la bande d'ombre qui survit en face, au pied d'un mur. Là, sous la surveillance des palefreniers, s'empilent les achats de chacun. Un cheval se cabre au miroitement du fer-blanc...

Et sous la chaleur plus cuisante, la vente se poursuit. Des blancs frottent leurs omoplates qui, dans leur immobilité, grillent à travers le coutil, hors de l'abri du casque. Le commissaire est enroué. Sur sa table, autour de lui, les journaliers empilent d'autres malles, d'autres caisses. — On est mort beaucoup, ces temps-ci... Là-bas, sur le Niger et à Kayes, à l'hôpital...

Une seule diversion : un vol de sauterelles qui noircit le ciel. A l'ombre inattendue projetée par leur colonne, toutes les têtes se lèvent. Au loin, on entend un charivari. Les nègres travaillant au jardin militaire s'efforcent, avec des casseroles et des tam-tam, d'effrayer la nuée dévastatrice...

« Nous passons à la succession Albert de Vernoye... »

Et après de Vernoye, c'est Cavalot (Émile), c'est Yves Kernoël, d'autres encore, officiers et sous-officiers, qu'a tués le Soudan, sinon la balle (anglaise) d'un *sofa* de Samory ou d'Ahmadou. Et toujours les mêmes objets, les mêmes boîtes, le même linge, les mêmes pauvres choses, qu'on ne peut renvoyer à la famille et qui ne disent rien de la personnalité du mort. Quelques chefs de *popotte* sont partis, remplacés par d'autres. Les enchères se succèdent, pareillement animées, et les conversations, et les rires.

Une valise maintenant circule.

« Tiens ! vous avez laissé des papiers dans la pochette du fond... »

Le commis tend la main pour reprendre la liasse. Ces lettres, comme les bijoux, doivent revenir aux parents. Mais le paquet, avant d'arriver à la véranda, passe par dix mains, et, soudain, ce cri part :

« C'est de Léonie !... Il y a son portrait !...

— Eh bien ! on brûlera le tout après la vente... On ne va pas retourner ça à la mère, pour sûr !... Dépêchons, messieurs ! A sept francs, la valise !... »

Sept francs... Six francs... On baissera encore, pour les seuls nègres. Le portrait de la jolie fille circule parmi les groupes d'officiers ; on flaire le paquet de lettres, qui garde un parfum de chypre ou de corylopsis.

« Ce sacré de Vernoye !...

— Te rappelles-tu le soir où Léonie ?... »

Des histoires, des souvenirs s'échangent. On met au courant les Algériens et les camarades des ports du Nord, qui n'ont pas connu, à Rochefort ou à Toulon, « la petite » à de Vernoye. Et des yeux luisent sur les faces anémiées. Quelques-uns gardent longtemps le portrait qui rend à leur détresse, à leur exil, la blanche perdue, — la Femme.

La vente est finie. On se sépare. Les sous-officiers réintègrent leurs bureaux ou leurs gourbis. Les officiers remontent à cheval ou s'appellent, qui pour « l'absinthe », qui pour « l'amer ». Bientôt la rue retombe à la solitude sous la plus écrasante chaleur. Seul, un lieutenant demeure à l'angle de la véranda et regarde brûler les lettres et la photographie dont le commissaire-priseur a fait un petit bûcher sur une marche du perron.

Le carton se recroqueville et résiste. Les épaules de « Léonie », sa gorge, une oreille, un bout de chignon se défendent un long temps. Mais l'incendie du papier les atteint, les enveloppe, les dévore. C'est fini. Du minuscule foyer, il ne monte plus qu'une fumée fine et mince qui s'élève toute droite, à peine visible dans le soleil. Le lieutenant remue les cendres du bout du pied, les regarde rougeoyer, noircir, mourir pour tout de bon ; puis il s'en va tout seul, rentre chez lui ; et un store retombe sur son dos triste.

LE MONSTRE

A J.-H. Rosny.

LE MONSTRE

... Il vient de s'éveiller, là-bas, — très loin. La dernière étoile, comme si elle avait peur, s'est enfuie ; l'hyène a tu son râle ; et, tout de suite, c'est le jour, — sans qu'on ait vu s'en aller l'ombre.

Invisible encore derrière les rochers roses, il approche. Un souffle le précède, qui balaie dans le ciel la tendresse de l'aube, mauve et soufre. Et cette haleine est déjà chaude ; et la couleur dévore la nuance. Du bleu naît, s'étale, se fonce, se creuse enfin, à l'Est, d'une brèche embrasée où pointe la crinière du vainqueur. Et, soudain, le voici sur la crête, — le Monstre.

Il monte, il monte encore, en sa gloire assoiffée et furieuse. Puis, las sans doute de retrouver aussi morne l'horizon morne de la veille, ou peut-être pour mieux jouir de sa dévastation d'hier et de toujours, il semble s'immobiliser, en arrêt.

Mais à sa menace, rien ne répond que le silence et que la solitude. Sous l'immuable ciel, la brousse est morte. Seules, le long de la sente où, cette nuit, chemina la caravane, des tourterelles sautillent, quêtant leur vie dans la fiente des bêtes. Ou bien, un *charognard* étire ses ailes au bout d'une branche. Et la bête est affreuse, et a faim. Et la branche se calcine, veuve de feuilles.

Des heures passent, longues, muettes, résignées : le Monstre semble à peine se mouvoir. Entre les gommiers rares, l'ombre s'est ratatinée en cercle étroit autour des verdures de zinc. La perpendiculaire lumière crible le sol de coups de sabre lumineux. Des blocs d'oxyde de fer saignent parmi les termitières. Les tourterelles se sont envolées ; le *charognard* a déserté la branche. Et, fini le jalonnement des oiseaux, la sente se confond avec la terre rouge, tandis que l'énorme baobab, parti le vautour, retombe, plus laid, plus noueux, à la tristesse de sa difformité, hippopotame et non plus arbre.

Des heures continuent à passer ; et l'opiniâtre guet de l'ennemi s'éternise. La chaleur s'exaspère ; le ciel arde plus fort ; l'air, plus atrocement bleu, vibre et brûle. Le Monstre enfin se meut, — lentement.

. . . .

D'abord, on ne sait s'il s'éloigne. Il a grandi. Sa menace est devenue provocante. On dirait qu'il fait tête à un adversaire dont on ne voit point l'approche, qu'il cherche un crâne à vriller, ou qu'il veut se repaître, un dernier coup, de l'agonie des choses. Mais sa retraite à la fin se trahit. Un damier de clartés et d'ombres se reforme entre les gommiers rares et les termitières. Les coups de sabre lumineux tombent obliques, moins violents. L'oiseau de proie revient à son triste perchoir, les tourterelles à leur sente.

Plus rapides, les heures coulent encore; et le ciel apparaît moins crûment bleu à l'Est où pointent, peu à peu, une tendresse gris-perle, des espoirs de résurrection, — des nuances. La couleur recule; l'ombre du baobab s'allonge, rétrécie; les oxydes de fer étanchent leur sang sous une buée mauve et soufre.

Et soudain, on ne l'aperçoit plus, le Monstre. Par delà cette forge inattendue qui flamboie à l'autre horizon, il a dû regagner son antre.

... Il vient de s'endormir, là-bas, — très loin.

Une seconde, le ciel, au-dessus de la brousse réveillée, roule, tel un fleuve jaune, ici des flots de cuivre pâle et de pourpre fumeuse, là des douceurs bleutées de lait mourant dans un lac lilas. Une étoile, comme rassurée, a surgi; l'hyène reprend son râle; et, tout de suite, c'est la nuit, sans qu'on l'ait vu s'en aller, — le Monstre : — le Soleil!

LA FÉE

A Eugène Carrière.

LA FÉE

Ce soir, la nuit n'est point venue...

A son heure, le soleil s'est bien abîmé, là-bas, sur Siguiri ; mais, invisible, il tisonnait encore son foyer de bitume et de corail. Et l'ombre alors n'est pas tombée, l'ombre coutumière, mystérieuse comme le Rêve, noire comme la Mort. Ainsi qu'une forge à la veille d'une fête, le couchant tardait à s'éteindre. Lorsque du rose enfin atténua ses suprêmes flamboiements, l'illusion d'un demi-crépuscule étonna le fleuve et la terre; car au Levant couleur ambre et mauve, une aurore naissait, inattendue; et les deux clartés un instant luttèrent dans le ciel.

« Nous continuons de marcher, m'a dit en se penchant le *somono* qui tient la barre : nous avons la lune ! »

Il riait, et, en regardant d'en bas la bonne figure du pêcheur, voici que je l'ai vue, par avance, dans la nacre de ses yeux, — la lune.

A présent, elle entre dans la barque, descend au fond, se glisse sous ma bâche en paillotte, s'étale sur ma natte comme un ruisseau de lait, m'attire dehors.

Un coude du Niger a déplacé l'horizon. Elle a conquis l'espace. Sa lumière s'épanche, irisée, tendre, lente. Il flotte une fraîcheur. L'air caresse.

Dans le firmament fleuri d'étoiles, l'astre monte, rétréci, plus pur. Et les étoiles pâlissent ; et la Croix-du-Sud s'est comme enfoncée dans le bleu...

Béate, une langueur descend, un silence immense et doux. Il faut se courber pour entendre murmurer l'eau. Pourtant, elle se réjouit, à l'avant des pirogues qui la fendent avec un bruit de soie, et sur les bords, le long desquels elle chuchote, et à l'arrière, où franchement elle jase, en défripant sa robe dans un sillage d'argent.

En son milieu, le courant charrie du mercure. C'est une coulée muette et luisante, vivante et morte, la fuite infinie d'un fleuve de métal sur un fleuve de moire. A des places, la nappe, plus large, semble stagner ; on dirait qu'alors les embarcations nagent sur un miroir fluide ; mais la perche des *somonos* accélère ses coups, et le miroir se fendille, se brise en éclats de lumière, en poussière de perles.

Aux campagnes, la fausse nuit prodigue, pareillement charmeresse, d'autres clartés, d'autres douceurs. La brousse se veloute et se poudre; des palmes se métallisent; un givre opalin s'attache aux cimes des banians et des *karités*... De la canicule du jour, rien ne survit. L'arbre respire. Le sol palpite. Un remous blond évente les herbes et les feuilles.

Et l'ensommeillement heureux des choses gagne l'homme. Les mariniers nous laissent dériver au fil de l'eau... Nous ne verrons pas décroître et s'éteindre la féerie consolante, ni se rallumer la Croix-du-Sud, dont le scintillant calvaire impose aux exilés la pensée de l'exil : — un rêve a scellé nos paupières... un rêve couleur de lune.

CHEF DE GARE!...

A Louis Ganderax.

CHEF DE GARE !...

I

« *Oui, cher papa, je suis chef de gare !...* »

Arrivé là de sa lettre, le caporal Julien Grenelle, tout haut, se relut.

C'était vrai qu'il était chef de gare, — chef de station plutôt ! — Pas depuis longtemps, d'ailleurs : — depuis la veille !... — Et non moins vrai aussi qu'il écrivait à son vieux père surtout pour lui annoncer cette nomination...

Un sourire lui vint, qu'un petit remords attendrit de mélancolie :

« Pauvre papa !... »

Plus d'un mois, tout de même, qu'il était débarqué !... N'avoir encore envoyé que deux lignes, le premier jour, histoire de dire qu'il allait bien !... Mais quoi? le « métier » voulait ça ! Est-ce que, d'abord, il avait eu le temps?... Et puis, le père serait si content de savoir son troupier de Julien « chef de gare » !...

De nouveau, il sourit, se contraignant à se moquer un peu de lui-même afin de pouvoir ensuite savourer en paix sa joie puérile. Son porte-plume derrière l'oreille, l'œil perdu, il suivit sa lettre en pensée, — sa lettre non écrite encore, — s'imagina, tout attendri, l'émoi qu'elle procurerait au « vieux ». Pour sûr, il serait tout content, tout fier. Et ce qu'il la montrerait aux amis, cette lettre !...

Une idée !... Pourquoi ne pas la lui adresser à son bureau?... Oui, pourquoi pas?... En arrivant, un matin, papa Grenelle la trouverait, et cela doublerait son bonheur de la promener tout de suite de pièce en pièce, de crier aux collègues : « Vous savez?... mon fiston?... Eh bien, il est chef de gare, là-bas!... » Jusqu'à l'ingénieur de la traction qui saurait la nouvelle et qui féliciterait le vieil employé!... Il les entendait, tous, comme s'il y était, à tel point qu'il se surprit à imiter le sous-chef Arnaud nasillant à son ordinaire : « Un bon garçon, votre Julien!... un soldat d'avenir! » Et le père, ravi, lirait alors des passages de la missive. Il montrerait l'enveloppe!...

A cette étape de sa songerie, le jeune homme s'arrêta. Cette enveloppe, il fallait qu'il l'écrivît sur l'heure. Un joli rectangle de bulle, au jaune un peu passé, le requit. En tête, l'imprimé : CHEMIN DE FER DU SOUDAN s'étalait administrativement. Julien, penchant la tête comme un écolier et tirant la langue, calligraphia, dans un angle, au-dessous, deux mots : *Correspondance militaire*, justificatifs d'un affranchissement réduit, puis libella cette adresse :

Monsieur,

Monsieur Henri Grenelle,

Chef du bureau du factage (grande vitesse),

Gare de Saint-Remy (ligne de l'Ouest),

Eure-et-Loir.

Après quoi, d'un coup de timbre donné savamment et laissant bien détachés les caractères, il matricula le papier, dont l'indélébile inscription, à l'encre oléique bleue, certifierait à jamais l'exotique origine :

RAVIN DE L'HYÈNE *(Kilomètre 63)*

Ravin de l'Hyène!... Deux ou trois fois, il épela tout haut ces six syllabes. Hein?... pas banal, le nom de sa gare!... Du vrai Jules Verne!...

Il avait posé sa plume. Une fourmi trottinait sur le papier à lettre, se risquait le long de l'enveloppe, s'engluait les pattes sur le cachet, dont l'huile fraîche avait tenté sa gourmandise curieuse. Doucement, il la repêcha, soucieux d'éviter les bavures, de laisser bien lisible, bien net, le nom de sa station; mais, l'insecte une fois sauvé et rejeté sur le sol, Julien ne se pressa point de continuer sa besogne. « Du vrai Jules Verne!... » s'était-il dit; or, voici qu'à l'évocation de ce nom, le souvenir de ses rêves anciens se levait, se mêlant à son rêve neuf.

Machinalement il roula une cigarette, l'alluma; et sa pensée, par delà les volutes de fumée, s'enfuit au loin, dans le temps et dans l'espace...

. . . .

C'était à Saint-Remy, au rez-de-chaussée du vieil hôtel de ville, entre le poste des pompiers et la Justice de paix, une petite porte au fronton de laquelle on lisait : *Bibliothèque municipale*...

Ah! ce qu'il tenait de sa vie, en ce coin!...

Déjà les images se précipitaient, à devenir confuses, et les anecdotes, et les mille riens vécus, vus, entendus, ou dits, auxquels, comme à autant de clous, sa mémoire accrochait les monotones et divers tableaux de son enfance, voire de sa prime jeunesse.

... Elle l'avait prise sur ses treize ou quatorze ans, cette fringale de lecture. Et, des soirs, le père criait. Pauvre papa Grenelle! Sans doute s'imaginait-il, lui, lecteur de l'unique *Petit Journal*, que le gars cachait un désir d'émancipation sous son assiduité à la *Bibliothèque* :

« Si tu ne ferais pas mieux de suivre les cours du soir, à côté!... »

Car il y avait aussi, à la mairie, des cours du soir organisés par une Société philo... philo... — Julien ne se rappelait plus bien! — une Société philotechnique quelconque : — géométrie élémentaire, descriptive, etc... machines, électricité, dessin, etc..., vagues conférences ou leçons qu'inauguraient, chaque année, devant le maire et le sous-préfet, le professeur de mathématiques spéciales du collège et l'ingénieur en chef de la voie, mais auxquelles il ne venait jamais ensuite plus de trente auditeurs, contremaîtres ou apprentis. Au premier rang, Géromey, le concierge, sommeillait entre ses filles qui tricotaient, assidues et ravies d'économiser le charbon et la lumière chez elles. Ce brave Géromey!... Julien Grenelle le réapercevait encore, tel qu'il l'avait connu, à son tour : hirsute et digne, tiré de son somme par le brusque silence du professeur et toujours pressé d'éteindre les becs de gaz avant que les rares assistants eussent quitté la salle...

A la même heure, la Bibliothèque fermait. On se retrouvait devant la porte, sous les tilleuls de la place. Il neigeait, il pleuvait, ou bien il faisait clair de lune; mais, toujours, la lanterne rouge du poste des pompiers ralliait les sortants; et des jeunes gens alors surgissaient de dessous les arbres proches : Denizot, le grand Claude, Delpeuch, deux ou trois autres à qui ces *Cours du soir* fournissaient un prétexte à sortie, l'occasion d'aller retrouver leurs bonnes amies le long du canal.

« Passe-moi mon carton !... Vite !... disait le grand Claude. La mère m'attend pour se coucher... »

Et, des fois, il ne retrouvait pas le carton à dessin qu'on lui avait confié, l'éternel carton où, continuellement retoqué aux examens des écoles d'arts et métiers, le grand Claude enfermait, entre deux permanentes esquisses (*Maison d'arrêt de chef-lieu d'arrondissement* et *Locomobile agricole,* coupe, plan, profil, élévation, etc...), des suppléments illustrés de journaux populaires, des livraisons de feuilletons et surtout des romances : — *Dans les sentiers remplis d'ivresse...*, *Lorsque reviendra le temps des cerises...*

Une jolie voix de ténor, ce Claude !... Quand chômaient les « cours du soir (pour adultes) de la Société philotechnique », ses amis le trouvaient boulevard Jeanne-d'Arc, au premier étage du café du Progrès, où l'orphéon de Saint-Remy, deux fois par semaine, répétait « les meilleurs morceaux de son répertoire ».

« Allons, du leste, petit! mon carton!... »

Julien devait le chercher, ce carton, qui aurait gêné l'autre, le grand, au bord du canal; et il le tendait à son aîné, gauchement, l'œil et l'esprit ailleurs, restés aux marges du livre, à regret quitté dans la chaude et paisible salle de la bibliothèque...

Il rentrait cependant par la place, et seul en cette direction, sous le dôme des ormes municipaux. La lanterne rouge des pompiers, au rez-de-chaussée de la mairie, s'effaçait dans le lointain, durant que grandissait, au bout de la traverse obscure du faubourg, la lueur jaune marquant le seuil de la gare. Que de fois alors ces deux lumières les lui avaient remémorées, les dernières pages de sa lecture! Fanal rouge et fanal blanc : les feux d'un port, — du Jules

Verne!... La flamme verte, l'éclairage de tribord, ne manquait même point, piquant le ciel et marquant les disques, au delà de la gare, après le passage à niveau. Et, dans la brume d'hiver ou la douceur des nuits d'été, il hâtait le pas ou le ralentissait, suivant que le train de dix heures cinquante-sept était en avance ou en retard, — le train dont le passage libérait son père de garde. — Au loin, un sifflement, à la fin, montait, roulait dans la nuit, s'affaiblissait, mourait, pour renaître plus proche : et un grondement lui succédait, une vibration de la plaine, jusqu'à ce que l'aveuglante prunelle de locomotive surgît à cinq cents mètres hors du tunnel.

Il fallait courir, papa Grenelle se couchant sitôt passé l'express. Il courait. Seulement, elles couraient avec lui, les images du livre trop tôt abandonné, les chères images du roman de Jules Verne. Et « forceurs de blocus », « pirates du Far-West », aventuriers, inventeurs, forbans, marins, explorateurs : tous les héros que silhouette, en marge de Verne, le crayon de Riou, tous les Robinsons que Férat, en de succincts paysages, mélodramatise, bottés uniformément, la barbe yankee, le feutre révolté, tous ces héros, du capitaine Hatteras au fier Nemo, galopaient avec lui, sous la portée des fils télégraphiques reliant Saint-Remy à la gare Ouest!

« Tu t'es encore attardé, Julien! »

Il s'excusait de son mieux et l'on s'en allait dormir, près de la station, à l'hôtel de la *Descente des Voyageurs,* dans les deux pauvres pièces où l'on s'était réfugié, lui tout petit encore, après la mort de maman Grenelle.

« B'soir, maman! »

Distrait trop souvent, — il en avait honte et regret, à cette heure! — bien distrait, le bonsoir adressé au portrait de la morte qui souriait au lit du garçon, entre les rideaux de calicot blanc!... C'est qu'il avait hâte d'être seul, la chandelle éteinte, et de ruminer des paysages, des drames, un naïf exotisme, un romanesque puéril, de revivre, appropriées, originalisées tout exprès pour lui, les aventures de son Jules Verne, voire celui-ci appris par cœur, de Mayne-Reid, Gabriel Ferry, Gustave Aymard!... Ce qu'il voyagerait, à son tour! Ce qu'il en verrait, quand il serait grand!...

« Dzing!... dzing!... dzing! dzing!... »

La sonnerie du télégraphe tintait, — à faux, d'ailleurs, mal calée. Julien Grenelle tressaillit, laissa tomber sa cigarette éteinte, et, brusquement, de Saint-Rémy (ligne de l'Ouest) — France — se retrouva, de six ans plus vieux, au « kilomètre 63 », à la station du « Ravin de l'Hyène », sa station. — La lettre commencée et l'enveloppe se logèrent, repoussées, entre le paratonnerre, la boussole et le commutateur; un imprimé les remplaça; puis l'appareil parla seul... Coupé, le rêve; loin, si loin, le passé!...

Mécanique, mais sûre d'elle, et calligraphiant toujours, la plume du jeune homme écrivait, sous la dictée électrique :

Service. — n° 278. De Kayes, 23 mars, 9 heures 35.

Directeur voie ferrée à surveillant travaux kilomètres 63 à 73.

Je n'ai pas reçu votre rapport. Je vous rappelle que...

Le télégramme s'arrêta là, court. Le correspondant de Julien signalait : « *Attente* », — sans doute pour rallumer sa cigarette ou caresser de la botte l'échine de son planton noir ; — et le caporal Grenelle « attendit » la suite, patiemment, tout à son service.

. .

II

« *Oui, mon cher papa, je suis chef de gare !...* »

Il rejeta la lettre commencée, l'enveloppe prête, et haussa les épaules. Moins d'une semaine l'avait accoutumé à ses nouvelles fonctions. « Chef de gare?... Allons donc!... Robinson, oui!... »

Cette heure d'après déjeuner, cette heure oisive, qu'en ses projets du premier jour il avait consacrée à la correspondance, demeurait en sa vie la seule halte où il pût penser, redevenir lui-même. La sieste écrasait, autour de la station, tous ses noirs : aiguilleur, terrassiers, planton. Un silence lourd descendait avec la chaleur lourde; et sa case était comme obscure, au reflet de l'embrasement de la brousse ambiante que laissait filtrer la natte servant de porte; et elle était comme fraîche, par contraste avec l'étuve extérieure.

Ce jour-là, parti son « garcon », — le jeune Semba, — et son café servi devant l'appareil télégraphique, il s'était rappelé la lettre commencée, l'avait reprise; mais, de nouveau, la plume se refusait à courir... Robinson! C'était bien ça. Il était un Robinson, un vrai Robinson, civilisé, appartenant au 2e régiment du génie, Robinson tout de même, perdu en plein Soudan français, au « Ravin de l'Hyène, kilomètre 63 », seul blanc à des lieues et des lieues à la ronde, et déplorablement abandonné...

Des souvenirs de lecture lui revinrent encore; une fierté aussi de cet isolement, de son indépendance, de sa responsabilité. « Poste d'honneur..., mission de confiance » : — il se répétait les derniers mots de son capitaine, des phrases d'ordre du jour qu'achevait le traditionnel : « Vous pouvez *disposer*, mon ami » ; et il se voyait à Kayes, se hissant sur un *truc* à la queue du train, saluant de loin les camarades, et si fier !... Il lui avait semblé partir à la conquête de l'Afrique entière, s'élancer dans l'inconnu, se ruer à l'héroïsme des aventures. — Et il s'était arrêté... soixante-trois kilomètres plus loin ! au Ravin de l'Hyène, entre des roches nues, la brousse cuite et un marigot à moitié tari !... Le sergent Vincent lui « passait » lé service, l'inventaire, lui cédait quelques ustensiles lui appartenant en propre ; et, dix minutes après, il s'était trouvé seul, — tout seul !

Il s'en apercevait à présent, à présent seulement, — de cette solitude. Tous les Robinsons guettent des hauteurs de leur île la voile chimérique du bateau qui les rapatriera : — il n'avait, lui, rien à guetter. Le train montant quotidien apparaissait à son heure, et, à son heure, le train descendant. Ils stoppaient, ces trains, le temps réglementaire, filaient ; et le désert d'avant retombait à sa tristesse laide. Mieux eût valu l'absence de tout train, le câble tout à fait coupé, l'angoisse d'espérer et de désespérer, — en un mot, la robinsonnade classique.

« Tout de même, se disait-il, si j'écrivais à papa?... »

Par malheur, à ce moment, Julien regardait la pancarte : *Dates de départ des courriers des divers postes*. Baste! il avait bien le temps, puisqu'il avait manqué la dernière levée... Deux semaines encore!...

III

La lettre était toujours là, devant l'appareil télégraphique, entre le paratonnerre et la boussole. A chaque sieste Julien devait la reprendre et ne la reprenait point. Tous les jours, il trouvait des excuses : la chaleur, la fatigue, la date encore lointaine du courrier bi-mensuel. Mais c'était surtout une paresse à la pensée de tout ce qu'il aurait à dire, à peindre, à expliquer, pour bien mettre son père au courant. En son affection familièrement respectueuse, une pitié naissait pour le cher vieux chef du deuxième bureau (factage, grande vitesse), lecteur du seul *Petit Journal*, qui ne comprendrait point, ne verrait rien, s'il ne lui servait pas force détails précis.

De tête, il se mettait alors à cette besogne, — de tête seulement. Il faudrait commencer, pas vrai? par le commencement, le départ de Bordeaux, les sept jours de mer, l'arrivée à Dakar... Ensuite, le voyage en chemin de fer jusqu'à Saint-Louis, chef-lieu du Sénégal, la réception offerte par les artilleurs de marine aux arrivants du détachement du génie (régiment des chemins de fer); puis l'embarquement sur un *rafiot,* la montée du fleuve Sénégal durant mille kilomètres — d'abord, jusqu'à Matam, à bord de ce vapeur; puis, de là, sur des chalands, à cause de la baisse des eaux; et, dès lors, la misère plus affreuse, l'avancée si lente, à la perche, ou le remorquage à la cordelle, entre les berges brûlées, sur l'eau flamboyante. Oui... Mais oserait-il l'avouer au père, sa désillusion du moment?... Ah! qu'ils étaient loin, et différents, les dessins du *Tour du Monde!* du Jules Verne!... Oserait-il?...

Il secouait la tête, ne se répondait point.

Enfin, c'était Kayes, ses villages noirs agglomérés, les cases pareilles à des champignons, quelques rares bâtisses officielles, une gare pour rire, le manque de tout : ni caserne, ni auberge, ni rien, et, chez lui, une détresse stupéfaite devant cette tristesse sans grandeur, jusqu'au jour où, content de ses services, son capitaine lui confiait le « Ravin de l'Hyène, kilomètre 63 » !

Ce point atteint dans sa lettre, il serait *à jour*. Mais comment dire, comment montrer tout cela clairement au père ?... D'autant qu'il faudrait ne pas lui souffler mot, par exemple, des camarades ayant déjà « défilé la parade », et, à cette heure, dormant au cimetière, et cependant lui bien raconter *tout*, lui représenter les choses, *les lui faire toucher*...

... Et, pendant ce débat, la lettre, la lettre inachevée se recroquevillait entre le paratonnerre et la boussole ; et le triomphal cachet bleu pâlissait sur l'enveloppe bulle.

IV

Le matin. Julien Grenelle ne s'éveillait qu'à la sonnerie de son appareil. Les yeux gros, le geste gourd, il se dressait, s'étirait, tâtonnait jusqu'à son manipulateur, ne s'éveillait tout à fait que pour lire l'heure transmise par le fil et répondre un : « *Ligne bonne. Tout va bien* », dont les abréviations d'usage aggravaient encore la banalité. Ensuite, son *oignon* réglé, son exil de Robinson relié par un synchronisme d'horloge à une relative civilisation, si proche et si lointaine, il faisait le jour plein dans sa case, chassait d'un coup de pied la natte remplaçant la porte.

A l'envahissement violent de la lumière, la même lassitude alors le réempoignait, pesante à devenir de la tristesse.

Il sortait. Devant la case, par delà la voie au grossier ballast où flambaient deux uniques rails, la brousse dévalait, l'éternelle brousse métallisée par le soleil, sous un ciel cruellement bleu. Et à gauche, à droite, s'étendait encore, à perte de vue, la brousse, de maigres futaies clairsemées, au grêle feuillage sans ombre, gommiers bas, faux acacias rachitiques, avec, çà et là, survivant seuls des forêts anciennes livrées au feu, quelques hauts troncs calcinés, affreusement noirs, un vautour généralement perché sur leur fût charbonneux. Des clairières trouaient ce mâquis uniforme : des clairières rousses, couvertes de graminées torréfiées, où les rares brises chuchotaient d'un froissement de feuilles mortes ; et des clairières nues, rouge brique, où le sol ferrugineux se refusait même à cette dérisoire végétation, où des nids géants de fourmis termites s'érigeaient, rouges aussi, pareils à des cases naines. Ocreuse ou blanche, la terre, au pied des arbustes, demeurait partout veuve de verdure. De la poussière, des cendres étalaient en des coins l'ironique illusion d'une neige d'Europe persistant sous bois...

Julien, les yeux brûlés, le front en sueur, se retournait, découvrait sa prétendue gare. A gauche de la case, un chaos de roches dénudées, sans mousse ni lichen, où flambait un continuel incendie, signalait le ravin. A cette heure matinale, comme plus tard encore à la tombée du soir, de gros singes cynocéphales, hôtes de ses mille trous, y palabraient, sans peur de l'homme. Mais le Robinson ne les regardait plus, blasé déjà. Lentement, il s'en allait à droite, vers le marigot, traversait le village improvisé que s'étaient créé ses terrassiers et poseurs nègres commis à l'entretien de sa section de ligne, et descendait dans le lit du ruisseau. Le long d'une berge, sous des palmiers nains et des rôniers, — unique note exotique du banal paysage, — et aussi sous l'arche du pont grossier supportant la voie, de l'eau demeurait encore, en des creux, à l'ombre. Vite déshabillé, il s'y jetait, vaquait à sa toilette, — un remords en lui, chaque fois, de si peu suivre les conseils de son prédécesseur Vincent. Car, chaque jour, il était moindre, et demain il serait définitivement mort, le faible courant qui renouvelait l'eau des flaques. Vite, il levait les épaules, faisait le brave, ne pensait plus à la fièvre embusquée, aux camarades déjà morts; et, son lavage terminé, il prolongeait longtemps sa baignade, à jouir de la relative fraîcheur caressant sa chair.

Ensuite, il s'en retournait, et la fournaise ambiante lui soufflait à la face une haleine plus torride. A travers son casque plus lourd, il lui semblait sentir à son crâne la morsure plus aiguë du féroce soleil. En nage, il hâtait le pas vers la station où la baraque pleine d'ombre lui paraissait un instant hospitalière, — précieuse.

Quatre murs la composaient, non de briques

françaises, ni même de boue sèche comme ceux des huttes indigènes, mais faits seulement de bottes de paille serrées dur et liées entre elles, qui unissaient les piliers de bois composant la rectangulaire armature du gourbi. Pareil le toit plat. De parquet, point : — la terre même, noire et grasse à force d'arrosage, et d'où montait toujours cette odeur qu'exhale le sol en été, au début d'une ondée d'orage. On ne voyait point de fenêtre à la cubique et primitive habitation. Du poing, le caporal y trouait, dans la paille, une ou deux ouvertures selon la direction du vent et l'ascension ou la descente du soleil. La natte mobile seule y constituait la porte.

Peu à peu, ses yeux se réhabituaient à la pénombre du lieu, distinguaient le mobilier sommaire : une toile tendue sur quatre piquets supportant son matelas; au-dessus, une moustiquaire pendue au plafond par des ficelles; sa mallette, au chevet, comme table de nuit et surmontée d'une lanterne; au milieu, enfin, trois caisses vides, dont deux réunies et dressées sur le côté servaient de table, — les appareils télégraphiques au milieu, — l'autre, servant de chaise. C'était tout, avec, appendus aux murs, les affiches de la marche des trains, des consignes, son havresac, son fusil, son ceinturon, son sabre et sa giberne.

Les premiers temps, cet inventaire l'arrêtait une seconde à gaiement robinsonner. A présent, il ne regardait plus les choses, ne souriait plus de « sa gare », ne blaguait plus sa misère. Veule, et le geste machinal, il s'asseyait, expédiait les paperasses qu'il devait remettre au convoi ; puis se décidait à donner un coup d'œil aux travaux de la ligne en attendant le train de Kayes.

Chaque jour, les terrassiers noirs étaient un peu plus loin ; chaque jour, il se sentait les jambes plus molles. Lentement il suivait les rails, courbé presque, le dos comme tassé par la croissante chaleur, malgré l'abri de son pararol et de la serviette mouillée pendant de dessous son casque. De loin, les nègres le voyaient venir, reprenaient, qui la pioche, qui la pelle, feignaient de s'acharner à leur labeur. Un instant il s'asseyait près d'eux, sur un tas de traverses; mais il ne les plaisantait plus, ne riait plus de leurs puérilités simiesques, de leur éternelle bonne humeur. Parfois même il les gourmandait, en son besoin de soulager son récent ennui, ses impatiences inattendues. Les pelles et les pioches allaient aussitôt de plus belle, — et les rires aussi, à peine étouffés, car il n'arrivait pas à leur faire peur, ce pauvre petit *toubab,* imberbe et maigriot, que tout écrasait en leur Soudan : le ciel, le sol et l'air de feu...

A la fin, un ululement de sifflet le remettait debout, le ramenait à la gare. Bientôt le train apparaissait : une bonne vieille locomotive remorquant cinq à six wagons plats à marchandises. Le premier, recouvert d'une bâche et muni de bancs, servait aux rares voyageurs : — de loin en loin, un *traitant* allant à Bafoulabé, et, tous les deux ou trois jours, un officier ou sous-officier montant remplacer un malade, remplir quelque mission du côté du Niger. Sur les autres wagons, des noirs, retour de Kayes ou Médine, bavardaient, accroupis sur les marchandises du traitant ou le matériel destiné aux chantiers de la voie...

Julien saluait l'officier, serrait la main au collègue, trinquait parfois avec le traitant, quand celui-ci utilisait l'arrêt pour se fabriquer une absinthe. Ensuite, ses papiers remis au conducteur, et, tous les trois jours, les vivres à son adresse débarqués, il regardait l'heure, puis, bien exactement finie la cinquième minute, il donnait le coup de sifflet réglementaire, et, les talons joints, le manche du parasol tenu sur l'épaule de la main gauche, saluait l'officier. Nonchalamment, la locomotive s'ébranlait ; le mécanicien, le chauffeur noirs jetaient une dernière plaisanterie aux femmes des terrassiers ; et le train s'éloignait, s'effaçait dans la brousse, où longtemps un nuage de fumée blanche demeurait entre la futaie vert-de-gris et l'inexorable azur du ciel.

« Semba! » criait alors Grenelle.

Semba — treize ans, des dents de loup, des yeux en billes d'émail — surgissait de derrière la case, où, sous un vague appentis de branchages, il cuisinait le repas de son maître. Et celui-ci déjeunait devant son appareil télégraphique, faisant semblant plutôt de déjeuner.

Des œufs de son poulailler, de la viande de conserve, des sardines formaient son menu qu'arrosaient un unique verre de vin, puis une tasse de « jus de casquette », dénommé café par son Vendredi. Suivait la cigarette, — une, deux, trois cigarettes. — « Si j'écrivais à papa?... Si j'achevais ma lettre?... » La paresse l'emportait, ou ce qu'il appelait paresse : — une somnolence déprimante. — Il tombait sur son lit, mouillait la toile du matelas de sa débilitante transpiration, se réveillait en sursaut à la sonnerie du télégraphe. Du côté de Bafoulabé, on signalait le train; et, bien dressé, esclave de l'habitude, les yeux gros de sommeil encore, le cœur anhélant de la secousse du réveil, il « bloquait » sa voie sur la gauche, « garait » l'arrivant, comme s'il existait plus de deux locomotives en service le même jour au Soudan français, comme si l'apparition d'un convoi en sens contraire était possible...

La scène du matin se renouvelait, et le salut, et parfois l'absinthe avec un civil « pas fier ». Papiers, salut, *apéritif*, une observation parfois au mécanicien noir pour son avance ou son retard; et, sur son coup de sifflet sacramentel, le train descendait, disparaissait, laissant, à gauche cette fois, un sillage de fumée s'effilocher du vert-de-gris de la brousse au couvercle trop bleu de l'implacable ciel.

Des paperasses encore, quelques télégrammes de service, de vagues écritures administratives : — des « états »; — une seconde promenade aux travaux de réfection du ballast ou des fossés parallèles; et c'était, une seconde fois, Semba, sa viande de conserve, des légumes secs, la ratatouille d'un dîner rééditant la ratatouille du déjeuner. Ce deuxième repas, le blanc du moins le prenait en plein air, devant sa porte, le torse nu. Le ravin, la brousse, le ruban de la ligne restituaient la chaleur emmagasinée tout le jour, soufflaient une haleine affreuse de lavoir ou de boulangerie sans chômage. Quelquefois, en étendant la main, Julien touchait le rail proche, et ce rail le brûlait longtemps après la mort du soleil dans ce ciel sans crépuscule...

Des heures coulaient. Semba lui avait tendu un grossier hamac au seuil de la gare. Il s'y vautrait, dans la nuit épaissie, le silence, la solitude. L'azur plus foncé d'en haut s'était illuminé brusquement ; mais combien différent du ciel de Saint-Remy où, fermée la bibliothèque, il cherchait la Polaire, se remémorait les pages vulgarisatrices des Verne ou des Flammarion !... La brousse la lui cachait à demi, la Polaire trop basse, la transformait à l'horizon en ver luisant, en lanterne de fossoyeur oubliée au ras du sol, au seuil du Désert. A sa place, des constellations neuves, déconcertantes, illuminaient la tente nocturne, et la Croix-du-Sud, au-dessus du Ravin, semblait juchée sur les fils du télégraphe, irréelle et rébarbative.

Grenelle fermait les yeux, sommeillait, s'éveillait en frissonnant, niait et constatait tour à tour l'anémie de son pauvre corps, l'abrutissement de sa cervelle. Il buvait à sa gargoulette l'eau non filtrée du marigot, la trouvait bourbeuse, chargée de matières, d'un goût âpre et fade à la fois, accusait les parois d'argile trop neuves, fumait encore pour chasser de son palais la saveur écœurante, rebuvait ensuite pour rafraîchir sa langue et ses lèvres brûlées de tabac...

Et il s'excitait à trouver encore, comme le premier soir, l'heure douce, et adorable la solitude. La brise cependant restait tiède, l'espace et la nuit mornes, le ciel hostile, indéchiffrable. Et des heures coulaient toujours; et le silence s'exagérait, affreux : — un silence de mort qu'il regrettait, brusquement, les moelles figées, le cœur étreint, quand, soudain, l'hyène venait sangloter et rire derrière sa case. Souvent alors il toussait pour faire du bruit; ou bien, pour ne pas se sentir isolé, il avançait un pied hors du hamac, tâtait le corps de Semba couché sur une natte, devant la porte. Le nègre grognait, mais ne se levait point; et, dans l'atmosphère d'étuve, le silence retombait, maintenant peuplé de chuchotements et de râles, d'une vie mystérieuse, obscure...

Pourtant, vers les deux ou trois heures du matin, une vague brise s'élevait, venue du cours lointain du Sénégal par le lit du marigot, une respiration humide, un soupir de cave. A ce moment, enjambant son noir, il rentrait, se jetait sur son lit, grelottant parfois. Et, se refusant à constater la fièvre, il accusait l'haleine du fleuve, se couvrait de sa capote, dont le gros drap bientôt trempé pesait ensuite à sa poitrine, endolorissait d'oppressions et d'angoisses de cauchemar son pauvre sommeil.

V

La chaleur croissait encore. Issu des sahara, le vent d'Est, plus sec, activait la combustion de la terre, aspirait les sèves survivantes. Les montants de la case se fendaient en craquant : le marigot était tari; et Grenelle, la peau gercée, les lèvres cuites, contemplait tous les soirs des pans de brousse flambant à l'horizon. Pour une étincelle envolée d'un foyer de *dioula*, des incendies naissaient, cheminaient durant des heures sous un dais rougeoyant, jusqu'à ce que les arrêtât un mur de roche ou un plateau d'oxyde de fer; et, toute la nuit, alors, le vent, sentant le roussi, chargé de cendres, s'alourdissait de bouffées plus chaudes.

L'exilé ne mangeait point, buvait seulement; et sa soif s'attisait à la tiédeur de l'eau, du vin, du café inutilement conservés à l'ombre.

Son service fini, il gagnait le coin de ses noirs, s'étendait sur un *tara* et regardait les épouses et esclaves des terrassiers préparer le *couscous*. Elles chantaient, riaient, se disputaient, s'amusaient du *toubab*, improvisaient des couplets à son adresse, que rythmait le martèlement de leurs pilons écrasant le mil du repas. Un pagne seulement sur leurs flancs, elles étalaient leur torse nu, leur gorge flasque, épandaient de fauves senteurs; — et Julien songeait des fois qu'elles étaient femmes...

... Certains soirs de lune, elles dansaient au son du *tam-tam*. Une fureur les faisait tourner, déhanchées, convulsives, tourner, tourner encore. Ou bien elles s'offraient la danse yoloff, l'obscène pantomime des guenons noires caricaturant leurs passives et lubriques amours.

Les terrassiers applaudissaient. Le poseur-chef, préposé au tam-tam, accélérait sa sauvage musique, et les danseuses, hystérisées, précipitaient encore leurs contorsions, tombaient enfin, pâmées, comme ivres-mortes, l'écume aux lèvres...

Les femelles après les femmes!... Et Julien ne partait toujours point, et ses dégoûts s'éteignaient, et son pouls battait plus fort. La dernière, Penda, la fille du poseur-chef, entrait dans le cercle. Quinze ou seize ans, celle-ci, les reins étroits, la gorge fière. Et sa danse, pareille aux précédentes, gardait des candeurs d'imitation, une gaucherie de débutante. Le blanc lui donnait tous ses sous, la forçait, à peine reposée, à virer encore...

... Mais les nègres finissaient par réintégrer leurs cases, Grenelle son hamac ou son lit. Ces soirs-là, le sommeil ne voulait point venir. Ses vingt ans rêvaient de caresses, imaginaient l'avenir, le retour en France, bâtissaient d'amoureux châteaux en Espagne, jusqu'à ce qu'il s'indignât de ses frissons d'avant, de son trouble durant la danse de Penda... Car elles le hantaient maintenant, les Louise, les Marguerite, — Julia surtout, — toutes ses pâlottes compagnes des promenades à Saint-Remy, le long du canal, au temps où, comme Delpeuch et le grand Claude, il oubliait, à son tour, le soir, le chemin de la mairie... Depuis, ç'avait été le régiment, Versailles, l'émancipation. « J'ai lâché mon coq, disait le père Grenelle goguenard : gare les poules ! »... Et Julien revoyait, sur la route de Satory, la maisonnette de Félicité...

Oh ! ce qu'elle lui serait chère, à cette heure, la plus laide, la plus dédaignée de celles d'autrefois !...

VI

Un matin, le train qui montait de Kayes apporta le courrier de France. Il n'y avait rien pour Julien Grenelle. « Le père serait-il malade ?... » Il chassa cette pensée, s'imagina plutôt le vieux chef de bureau oubliant pour un piquet à la *Descente des voyageurs* le départ du courrier. Ou bien il boudait, n'ayant rien reçu depuis si longtemps !...

Et le caporal sentit une amertume lui gâter sa tristesse. Son abandon se précisait, et sa détresse jusqu'alors banale. Il pensa pleurer, ses nerfs détendus, eut honte ensuite de son enfantillage : et, le lendemain, quand le train de Bafoulabé passa, jour de levée de lettres, il n'avait pas écrit.

« Tant pis ! c'est bien fait !... »

Disparu le convoi, le remords pointa ; mais le chef-poseur avait reçu de l'absinthe. Il lui en acheta une bouteille, but deux verres ; et, cette nuit, le ricanement de l'hyène ne l'éveilla point.

VII

La chaleur ne pouvait plus croître. Une révolte travaillait la terre et l'espace. De temps en temps, — et, à la fin, des deux ou trois fois par jour, — le ciel se voilait tout à coup. Une tourmente accourait, livide, instantanée. Une trombe d'eau s'écroulait, le vent mort; puis l'azur succédait, comme en un ciel de théâtre, au bout de quelques secondes, aux nuées jaunes; et le soleil ressuscitait à l'Est, chassait au couchant la *tornade*, dont le tonnerre grondait encore. Du sol, une vapeur montait, lourde et grisante, la transpiration du sol fécondé.

Dans les jardins des noirs, de jeunes verdures naissaient aux branches, des verdures tendres, fragiles, comme étonnées d'apparaître à la vie. Par la brousse, de faux mimosas fleurissaient, et des jasmins sauvages. Leur parfum atteignait la gare. La nuit, l'hyène y revenait encore, mais non plus seule. Doubles les miaulements, les sanglots, les rires. Chez les cynocéphales aussi, un brutal printemps se trahissait éclos ; des batailles agitaient les singes adultes ; des cabrioles, des poursuites, mêlées de furieux abois, peuplaient les rocs du ravin. Des tourterelles nichaient dans la paille au toit de la case. L' « hivernage » succédait à la canicule, et la chaleur humide à la sécheresse.

Julien Grenelle se secouait, se forçait à sortir, brûlait des cartouches sur les sangliers ou les cynocéphales ; et c'était lui qui, entre deux passages de train, offrait l'absinthe aux camarades, « rendait leur politesse » aux « pékins pas fiers ».

Tous les soirs, vers cinq ou six heures, la

fièvre le prenait. Il claquait des dents, transpirait ensuite. Il vida le flacon de quinine du sergent Vincent; puis, un point de côté dans la région du foie le gênant pour marcher, il serra plus fort sa ceinture de flanelle.

VIII

A la fin d'avril ou de mai, suivant la force des pluies, le service de la voie ferrée devait se suspendre.

« J'irai bien jusque-là !... » se disait-il.

Mais, un jour, un sous-officier descendit du train, resta jusqu'au lendemain à la station, pour inspecter les travaux opérés sur cette fraction de ligne en vue de l'hivernage. Julien lui céda son lit, l'installa. Or le sergent, en faisant sa toilette, le matin, sortit de sa sacoche une glace à barbe. Grenelle, déshabitué de ce luxe, la lui emprunta et ne se reconnut point.

Ce n'était pas à lui, n'est-ce pas, ce visage hâve, ces orbites creuses, ce nez mince, presque aigu, ces saillantes pommettes, ce teint jaune, cette tête de mort vivant plantée sur le cou décharné?...

Il s'efforça de rire, de « blaguer », mais la vue de ses gencives blanches lui rentra dans la gorge sa fausse gaieté, et, son hôte parti, l'enfant s'alita.

IX

Deux ou trois jours se passèrent. Il délirait... La sonnerie du télégraphe l'éveillait parfois. Il avait tenté de se lever, d'aller répondre, mais il était tombé à terre, et, depuis, ne se souvenait de rien... Si!. . des choses vagues, Semba le secouait : « C'est le dernier train, chef! Fini, le chemin de *fé!*... »

Depuis, rien!... L'hyène, le tam-tam, Penda, la fille du poseur, le père Grenelle, Jules Verne, la bibliothèque, les singes, Robinson... Et des vomissements parfois, des éclairs de raison, n'éclairant que sa misère, que sa souffrance. —

si démoli, d'ailleurs, qu'il ne pensait pas même à la mort et se laissait s'en aller tout doucement, comme en rêve...

« J'ai soif!... »

Penda ou Semba lui tendait la gargoulette; mais souvent sa plainte demeurait sans réponse; et dans sa tête vide, il les entendait rire, puis se taire tout à coup; et, à leurs soupirs, les devinait présents encore, tout proches, — abritant leur amour à son agonie.

X

« Allons, Grenelle, un peu de nerf!... »

C'était Vincent. Le sergent avait déjà ramassé toutes les affaires du malade, en venait au lit.

« Allons, Grenelle... le train va passer, et il n'y en aura pas d'autre de sitôt!... »

Il rouvrit tout à fait les yeux; il comprit, et une joie l'inonda, si forte, qu'à peine appuyé sur Semba, il put gagner la caisse servant d'escabeau devant son appareil.

L'autre lui expliquait les choses, s'interrompait pour précipiter le déménagement; et Julien renaissait à la vie, retrouvait des paroles. Dans une demi-heure, le train ; puis il serait à Kayes, à l'ambulance ; et on le rapatrierait : — congé... Saint-Remy... papa !...

Vincent lui servit de la quinine, le fit boire.

« Vous avez de la veine, caporal, qu'on ait avancé le train pour prendre le courrier du haut fleuve et du Niger !... »

... Le courrier?... On levait les lettres?... Ses yeux étaient allés à la table, cherchaient le feuillet commencé, l'enveloppe.

« J'ai le temps d'écrire deux mots, sergent?... A l'hôpital, je ne pourrais pas... »

Il avait déjà retrouvé sa plume, approché le papier.

« *Oui, cher papa,* lut-il, *je suis chef de gare...* »

Il sourit faiblement, chercha ses mots, la pensée paresseuse, la main tremblante, et péniblement — oh ! sa calligraphie ancienne !...

— il traça quelques mots d'une écriture d'écolier :

« *Oui, chef de gare... C'est-à-dire que je l'ai été... Malade... Mais ça va bien mieux... Je vais rentrer en France.. Je t'avertirai...*

« *Je t'embrasse bien fort...*

« *Ton fils qui t'aime.* »

« Là ! ça y est... Heureusement que j'ai écrit l'adresse d'avance... Tenez, voulez-vous cacheter, sergent ?... Merci... »

Il s'abandonnait. L'autre le recoucha. Puis la réaction se produisit. Il vint à Julien un flux de paroles, des choses pressées qu'il fallait dire, qu'il voulait dire : « La route de Satory... Félicité... Il lui apporterait des plumes d'autruche... On en achèterait en passant à Saint-Louis... »

Et Vincent s'efforçait de le calmer :

« Faites pas tant de projets, petit !... Ça

porte malheur... On ne sait jamais ce qu'il y aura demain au rapport!... »

Le train allait partir. Grenelle était couché sur son matelas dans le premier wagon.

« Voulez-vous siffler! » murmura-t-il, en tendant à Vincent son sifflet de « chef de gare ».

Le sous-officier donna le signal et le convoi démarra, lentement, lourd de matériel à la remorque. Puis sa vitesse augmentant, le vent de la marche souleva, sur les côtés, la bâche abritant le malade. Une dernière fois, dans la brousse fuyante, sa station lui apparut, le « Ravin de l'Hyène — kilomètre 63 » — tout entier. Le marigot roulait une eau torrentueuse, sous les palmiers et les rôniers ravivés et tout fiers. Les rocs sur le ciel cru se profilaient, romantiques, et semblaient plus abrupts. Sur leurs crêtes, les singes, ressurgissant rassurés, aboyaient après la locomotive. Penda, debout sur un talus, agitait une loque, saluait on ne savait qui : Grenelle ou Semba?... le chauffeur peut-être ?... Le caporal ne s'en inquiéta point : mais, plus pâle, avant de retomber sur sa couche, il embrassa d'un essai de geste, d'un regard vitreux, le familier paysage ; et Vincent, sans comprendre, l'entendit balbutier :

« Un vrai Jules Verne !... »

RÉVOLTE

A Lucien Descaves.

RÉVOLTE

C'est le mois où, chez nous, fleurissent les lilas...

L'eau n'est plus...

A l'ombre même des palmiers nains, les derniers *marigots* sont taris. Sur leur lit desséché, sur l'abreuvoir des combes où, pétrifiée, la vase ancienne conserve, moulée en creux, l'empreinte de pieds d'oiseaux et de griffes de fauve;

sur les roches et sur la brousse, le ciel s'appesantit, plus assoiffé, — le grand ciel ivre.

Et, résignée sous l'implacable baiser qui la mord, la tenaille, l'écrase; morne sous la succion qui l'a bue tout entière et, féroce, s'acharne encore, la terre muettement agonise.

Mais voici qu'un râle s'élève au lointain. Comme un souffle de vie, un frisson glisse. La victime palpite une seconde. Puis la torpeur aussitôt retombe, le lourd silence de midi, le flamboyant coma des canicules; et les feuilles des rôniers tout de suite s'arrêtent de frémir, car déjà le ciel se venge, et sur le sol pantelant darde plus éperdue sa caresse de bourreau.

Cependant, au village, un souvenir demeure de ce fugitif éveil. Une angoisse a passé sur les bêtes, une angoisse et une espérance. Alerte ou triomphe, un coq claironne, auquel d'autres coqs répondent.

D'une case, un noir est sorti, qui longtemps interroge l'horizon. Soudain, par delà la plaine rutilante, une fumée pointe, visible à peine, très basse, — un flocon jaune ou bistre, dont on ne sait s'il monte d'un foyer ou s'il précède une avant-garde de nuages... L'homme, lui, doit savoir. Leste, il retourne à son seuil, frappe un *tam-tam* du poing ; et le village, tiré de sa sieste, est sur pied au second coup. Femmes, enfants, esclaves, tous accourent. Des vieilles veulent être les premières et trottinent en criant. Et le maître n'a point quitté son *tam-tam* que les feux sont noyés. Les enfants ont rentré le linge étendu sur les haies ; les femmes ont ramassé les calebasses ; les esclaves ont disposé des pierres sur le chaume des toits.

Maintenant, tous attendent.

La fumée a grandi, là-bas, dans l'Est. On la voit monter, s'élargir, s'avancer en éventail. Comme provoquées, la lumière s'exaspère et la chaleur s'épand, plus fort ; mais on dirait que les ombres des arbres, des cases, des haies, pâlissent. Du bleu violette leur noirceur antérieure...

En même temps, il revient, le râle dont tantôt tressaillit la terre. Seulement, le souffle se prolonge. La moribonde se débat. Elle halette. Et quand, de nouveau, tout se tait, les ombres ont pâli davantage. Du vert s'y mêle. Les projections des choses s'étalent en taches cuivrées, déformées, anormales. Puis, sans transition, sans qu'on l'ait vu naître ou monter, — brusque et dur, — un voile jaune se déploie du Nord au Sud, du Levant au Couchant. Derrière cet écran subit, le soleil se fige, pareil à la pleine lune, semble éteint, semble mort... Et les animaux s'inquiètent. Les coqs poussent le cri rauque dont ils signalent d'ordinaire l'approche des oiseaux de proie...

Longues d'attente, grosses d'inconnu, poignantes, quelques minutes coulent. Ce n'est ni la nuit, ni le jour, ni le crépuscule ; et c'est le silence. L'instinct s'apeure. Les nerfs se tendent. La rétine s'effare. Et tandis que les poumons se refusent à l'ozone, une aimantation tiraille crâne et tempes.

De la nue abaissée il filtre une blafarde lumière d'éclipse, un jour sale, orange et soufre. On croirait que l'espace se révèle à travers une vitre de corne ou des verres fumés...

Alors, effroyablement instantanée, sournoise, telle un boulet, une rafale accourt — et passe. Renversés, des femmes, des enfants clament,

D'un coup sec, un rônier s'est rompu; des toits se sont envolés; — une faux a balayé la terre.

Elle a fui, la rafale, plus vite qu'une chimère; et sa gifle vous étourdit encore. Derrière elle galopent, alignés, des tourbillons de poussière, semblables à des cavaliers en charge, le burnous au vent. D'autres arbres, d'autres toits. se cassent au loin ou s'enlèvent; mais la tempête boit le son, l'emporte, demeure silencieuse, — effrayante comme une marée qui se tairait.

A l'accalmie succède une seconde rafale, presque aussi courte. Dès lors, la formidable faux de la *tornade* tranche, se repose, tranche encore, se repose et repart. Ce sont des coups brefs, d'irrésistibles élans, des haltes inattendues, la rage folle d'une révolte qui tue, se venge, broie, hésite, contemple sa vengeance — et derechef s'y rue.

Il n'est ni sol, ni ciel. Une brume de poussière, un rideau d'ocre ont confondu les choses et l'espace.

Près des hommes terrés, la peur a ramassé les bêtes. Des moutons envahissent les cases; des poules se pelotonnent au giron des négresses, pendant que, leur longe cassée, disputant leur place aux enfants, des étalons se serrent à leur maître, avec des hennissements de terreur qu'un frisson inachève.

Et, entre deux chocs, hommes et animaux regardent, à l'horizon, le segment où naquit la fumée tout à l'heure.

A vue d'œil, l'étendue s'y noircit. Des zigzags d'éclairs la déchirent dont la lueur poursuit les derniers tourbillons. Car le sol rasé n'a plus de poussière; et, du chaos, les reliefs de la brousse, des roches, des champs ressurgissent, livides, nus. D'en haut, dans les minutes d'apaisement, il ne tombe plus que des feuilles ou des plumes...

Enfin, voici qu'elle sent l'eau, la tempête. Les bêtes renaissent; des cous se tendent : — les cataractes vont s'ouvrir.

Une pétarade de foudre, et elles s'ouvrent. Violentes à l'égal du vent qui les traîna, monstrueuses, désordonnées, elles se précipitent. Un fleuve ainsi se vide, un lac déborde, une marée dévore un littoral...

Mais trop longtemps retardées, ces fureurs tout de suite épuisent leur déluge. Une dernière avalanche s'abîme sur la plaine, — où son vacarme sourd amoindrit un instant le crépitant fracas du tonnerre, — et, désarmée, dédaigneuse de s'égoutter en pluie, s'arrête court.

C'est fini. La révolte est vaincue : — la première *tornade* de l'année.

Triste de l'ondée si courte, et comptant sur demain, le village se secoue. Enfants, esclaves, animaux lappent et se baignent. Les vieilles trottinent et crient autour des jarres débordantes... Au loin, il tonne encore, faiblement. L'orage se ramasse pour s'en aller crever encore aux lointains horizons dans l'Ouest, là-bas où son avant-coureur déchaîne à présent ses trombes.

Et sans plus d'aube qu'à son lever matinal, la cruelle lumière éclate, plus ardente, et la torride chaleur. Comme avant, la terre, sous le ciel reverni, s'abandonne au viol féroce du soleil. Seulement, ce viol, d'abord elle l'appelle... Avant de rechuter à son agonie première et de cuver, ivre-morte, elle se pâme, rajeunie, tout humide; et ses soupirs l'embuent de vapeurs. Puis elle retombe, la torpeur coutumière; il se réappesantit, le lourd silence de midi, le flamboyant coma des canicules; et, sur le corps brûlé de l'éternelle vaincue, l'ombre des rôniers en se recouchant, rigide, désespérément noire, change à peine de place... A l'horloge du ciel, une heure au plus s'est effacée : — la tempête enfuie semble un rêve... Ce serait un mirage du souvenir, si le vainqueur lui-même ne l'avait enregistrée, sa passagère défaite!...

C'est le mois où, chez nous, fleurissent les lilas...

LE DEMI-CRIME

Au Docteur et à Madame Guinon-Lemerre.

LE DEMI-CRIME

I

Ce matin-là, l'étape ne voulait point finir. Depuis le départ, trois heures avaient coulé, lourdes, lentes, avares, et le soleil déjà dévorait le ciel.

Pour la quatrième fois, le maréchal des logis Rémillot tira sa montre. Le brigadier Vergy surprit le geste, l'imita, et, tout de suite poussant son cheval, se rapprocha de son chef :

« Si l'on s'arrêtait ici ?... »

Du doigt il désignait un *karité,* dont le feuillage projetait un semblant d'ombre au milieu de la brousse enflammée et déserte. Mais le *marchis,* les yeux toujours sur son cadran, ne répondit que par un haussement d'épaules ; et son mulet non retenu dépassa l'arbre, s'engagea dans une nouvelle zone torride, plus férocement cuite, plus atrocement nue. Tout à la marche des aiguilles, le sous-officier laissait aller la bête. Cent mètres seulement plus loin, il remit sa montre en poche et arrêta sa monture.

« Halte !... Poitrail ! commanda-t-il alors, d'une voix qui fit au loin lever des tourterelles.

— Poitrail !... répéta doucement Vergy, par habitude.

— *Hallou ! Poit'ail !...* » cria, de l'arrière, en son patois, Mahmadou Semba, le gradé noir.

Une minute, on entendit encore rouler et grincer les voitures Lefèvre les plus éloignées ; puis le convoi tout entier s'immobilisa dans du silence. Les conducteurs avaient, en un clin d'œil, débouclé les harnais; et, bienheureux, les mulets, la poitrine enfin libre, allongeaient l'encolure en soufflant, se léchaient les genoux, ou tâchaient de tondre sur le côté les graminées rôties, tandis que les *tringlots* indigènes s'épouillaient, bourraient leur pipette ou s'empruntaient une chique.

Vergy avait mis pied à terre, et, mort de fatigue, se couchait à même le sol, la visière de son casque blanc ramenée sur les yeux, la bride de son cheval passée au bras :

« Brigadier, fit tout à coup Rémillot, la halte dite *horaire* s'accorde toutes les cinquante minutes... Cinquante et non quarante-sept ou quarante-huit ! »

L'interpellé ne bougea point.

« Je vous parle, reprit le chef. Faites-moi le

plaisir de ne pas oublier ce que vous devez à votre supérieur!... »

Vergy demeurait étendu.

« M'entendez-vous, n... de D...? Allez-vous prendre une position plus réglementaire?... »

Et le *marchis,* se penchant, saisit la manche de son subordonné, qui d'un bond aussitôt se trouva debout.

« Ne me touchez pas! sifflait-il, les dents serrées, l'œil aigu.

— Je ne vous touche pas... Je vous force à vous lever, à faire votre service, à aller voir si nous n'avons pas d'animaux blessés... Vous aurez deux jours de *bloc* de plus!... Ah! vous croyez que ça se passe de la sorte, avec moi?... »

Sanguin, les joues couleur brique, le *sous-off* s'emportait tout à fait, entassait reproches sur menaces. L'autre, plus jeune, la face exsangue, anémiée déjà, ne répondait pas, immobile, les talons joints, le regard maintenant à terre; mais ils disaient sa rage contenue, le tremblement de ses lèvres imberbes, la saillie de ses maxillaires, et, aussi, les mouvements de son cheval qui brusquement secouait la tête et reculait par saccades, sa bride toujours tendue au bras frémissant de son cavalier...

A trois pas des deux hommes, le brigadier noir Mahmadou Semba mastiquait placidement un morceau de biscuit. Le vieil ivrogne ne semblait pas entendre. Seulement le papillotement de ses prunelles, sa grimace entre deux bouchées, le montraient ravi de l'algarade. Vergy le sentit là, tourna la tête, surprit cette joie mauvaise à l'onde d'un rire mal réprimé dont le cuir de la face du nègre tressaillait chaque fois que le *marchis* lâchait une injure plus grossière. Et cette découverte, la présence de ce témoin, de cet auditeur, versèrent comme du vitriol sur sa blessure. La réflexion que depuis tout à l'heure, que depuis cinq mois, cette brute, — son inférieur par le sang, mais son égal en grade, — que ce boucher batailleur, blessé dix fois au feu et médaillé dès son premier congé, sans que son alcoolisme permît d'en faire un officier au titre indigène, se régalait de le voir humilié, lui, le blanc, le *toubab* instruit, le supérieur futur, souffla, plus violente, au jeune homme la folle tentation de se jeter sur Rémillot, là, tout de suite... Sa main esquissa même le geste de chercher sabre ou revolver ; mais, molle, sous l'impulsion d'un pouvoir imprécis, elle ne rencontra qu'une chaîne pendant hors de la poche, une médaille de saint Georges au bout. A ce contact, la pensée dévia.

Résolument, il tira sa montre ; et, la voix blanche, de l'ironie survenue en sa fureur, il s'efforça de répliquer simplement :

« Je croyais que la halte horaire était de dix minutes ?... »

Rémillot crut pâlir. Ses yeux bleus de Lorrain se foncèrent. A son tour, il regarda l'heure, et, tout en renfourchant son mulet :

« Vous aurez deux jours de plus, mon petit, pour votre insolence ! »

Puis, comme le brigadier, s'étant mis en

selle, rejoignait son groupe de voitures, il s'avisa du seul amour-propre qu'il n'eût pas mortifié, celui du cavalier :

« Qu'est-ce qu'on vous a donc appris, fantassin?... Allongez les cuisses!... Vous êtes raccroché!... »

Son chef en tête, le convoi s'était remis en marche. Vergy, tout en queue, trottinait botte à botte avec son collègue indigène. La chaleur sous l'ascension continue du soleil s'épanchait plus fort; mais il ne la sentait plus, les mains basses, le corps affaissé. Sans la voir, il contemplait la brousse morne et la foulée ancienne des précédents convois, canons ou voitures Lefèvre : deux ornières d'ocre et de plâtre dont le tracé rubannait, monotone, interminable, la plaine vert-de-gris, — la plaine monotone, interminable.

Ou bien, voulant ne plus songer, il comptait les termitières jalonnant ce chemin comme autant de bornes. « Vingt-sept, vingt-huit... trente-deux... trente-neuf... » Mais vite il s'arrêta, lassé de les voir implacablement se suivre, ces dolmens de boue sèche, plus pareils à des tumuli qu'à des nids d'insectes. Cependant Mahmadou Semba sifflait à ses côtés; et ce sifflement à la fin agaça ses nerfs en quête d'un prétexte à détente.

« Te tairas-tu, sale *bougnoul?...* » cria-t-il.

Le noir cessa sa musique, pour éclater de rire.

« Toi pas content, hein, à cause du *ma'chis?* Lui toujou's gueuler, lui méchant... Toi pas comprend'e... Quand cheval à lui crevé, toi pas donné le tien, et lui fo'cé p'end'e mulet *haut-le-pied...* »

Vergy interrompit le noir, violemment. S'il

n'avait pas donné son cheval, c'est que, bien avant d'être démonté, depuis cinq mois, depuis toujours, le maréchal des logis lui rendait la vie intolérable! Et, malgré lui, parlant pour parler, se soulageant en mots qu'il aurait au besoin criés aux pierres, il les rappela, les injures, les vexations, les punitions, les humiliations surtout, dont l'autre l'avait abreuvé à la batterie, puis en convoi. Seulement, à dérouler son chapelet de misères, il s'exaspérait davantage. N.. de D...! il se vengerait! Ça ne durerait pas!

« P'ends ga'de, Ve'gy... »

Et le nègre, sans cesser de rire, évoqua le conseil de guerre, la loi des *toubabs* qui donne toujours raison aux chefs : « A l'arrivée, le *marchis* ferait son rapport, et alors... » Sur sa manche graisseuse, il mimait le geste dégradant d'un arrachage de galons; et, entre ses lèvres lippues, ses dents blanches étincelaient plus joyeusement.

D'un juron son compagnon l'interrompit :

« Je le tuerai ! » rugit-il.

Le noir n'osa point continuer à souffler sur le feu. Il murmura, plutôt qu'il ne la dit, l'interjection de ceux de sa race, un *Bismillaï!* qu'à l'intonation on pouvait prendre pour un banal : « Vraiment! » poliment acquiesceur, puis, afin d'écarter tout malheur de lui-même, il vérifia si ses divers *gris-gris* pendaient toujours sur sa poitrine, et se reprit à siffler, indifférent.

II

Les mulets à la corde, les voitures de vivres alignées en parc sous la garde de deux factionnaires, le convoi dormait. Leur *couscous* fini, les conducteurs à l'ombre de gourbis improvisés associaient leur sieste écrasée à la mort des choses. Saoule de lumière et de chaleur, la plaine plus aplatie cuvait, sans qu'un souffle d'air, sans qu'une palpitation d'ailes agitât ou peuplât la brousse; et les vautours aussi semblaient morts qui, dans leur immuable veille sur les roches, guettaient le départ des hommes pour se gaver des reliefs de leurs repas. Seules,

les cigales proclamaient la vie persistante, stridaient plus ardemment.

Au milieu du camp, dans une hutte cubique tôt construite en bottes de paille et bambous, Rémillot et Vergy achevaient leur déjeuner. Les deux artilleurs ne se parlaient plus, épuisés de chaleur et de querelles. Leur cuisinier noir entra, prit les ordres pour le soir, remporta les plats touchés à peine et les bouteilles vides; puis leur « garçon » servit le café, remuá de ses mains répugnantes de singe des blancheurs de sucre sur un couvercle de boîte; et ils se retrouvèrent seuls, dans le silence du midi tropical où vibrait encore pour eux l'écho des dernières épithètes échangées.

Le brigadier jouait avec son couteau de table, s'indignait de la pointe mousse. Ah! crever cette poitrine débraillée, broussailleuse, qu'obstinément il fixait, de l'autre côté de la table pliante, par terreur à présent de rencontrer encore la face abhorrée et ces yeux trop connus au heurt desquels elle ferait explosion, sa haine poussée à bout par la dernière insulte de son ennemi!... Rémillot ne s'en était-il pas pris, pour finir, à son appétit même, tous prétextes bons? « Quand on s'engage, c'est qu'on crève de faim chez soi : faites donc pas le difficile!... » — Oh! le gueux! l'ignoble brute!...

Et ne pouvoir s'isoler, le fuir!... Et ne pouvoir se venger, même en paroles!... A la moindre réplique, la menace, la punition puérile, l'injurieuse pénitence, la constatation, enfin, que s'il proférait une syllabe de plus, la cassation serait demandée, obtenue, voire la traduction en conseil de guerre. N'étaient-ils pas soi-disant « en présence de l'ennemi »?...

Arrivée là, la vision intime du jeune homme ne se détachait point de ses manches qu'il voyait sans galons. Il redeviendrait canonnier de deuxième classe, sa carrière brisée, le seuil de l'École fermé pour toujours, l'épaulette à jamais interdite, et même la bâtarde ambition de passer garde d'artillerie, de devenir un faux officier!... L'image de vieux parents, une coiffe de bonne femme, la redingote prétentieuse de son père défilaient en sa cervelle indignée, et des figures aussi de camarades, de « pays », la revie d'un passé jeune et de rêves trop rêvés... Tout ça pour ce bandit!... Ah! non, il ne le regarderait plus, car il lui crèverait la peau!...

Et, le cœur angoissé, les tempes martelées, les coudes vissés à la table, il s'hypnotisa sur le fond de son quart de fer-blanc où se noyaient des mouches.

Rémillot s'était dressé, bâillait et, pesamment, se laissait choir sur son lit de camp. Un bout de temps, ses lèvres tétèrent un débris de cigarette ; puis, l'eau-de-vie aidant la déprimante chaleur, il s'endormit et bientôt ronfla. Alors Vergy osa le fixer.

Désarmé par le sommeil, son ennemi s'étalait, les membres déjetés, la bouche ouverte, sa grosse face vulgaire et bon enfant détendue de toute rancune. Des perles de sueur coulaient de son front à ses joues piquées de taches de rousseur, — les joues talées, hâlées, le front blanc, protégé seul du soleil par le casque. D'épaisses moustaches mangeaient les lèvres, des moustaches rousses, du roux de la toison ombrant le thorax découvert. Sous le menton entêté, le cou gonflait de gros muscles. Là saillait la vie, la palpitation dont vivait ce corps solide. Un flux calme et puissant y courait, mourait, renaissait, dont plus bas, à gauche du torse velu, un affaissement et un gonflement alternatifs de l'épiderme rythmaient, source et régulateur, l'inépuisable courant. Cette place du cœur, ce cou tendu soutirèrent les regards du jeune homme. Un coup sec, net, vigoureux, à l'un et l'autre endroit, la pointe d'un sabre.

d'un couteau, d'une aiguille même, s'enfonçant là, et ce serait fini, — et ce corps serait un cadavre !

Il se le représenta ce cadavre, la carotide béante ou le cœur fouillé, du sang se coagulant aux lèvres d'une atroce blessure ; — et son pouls cessa de sourdre, et ses paupières battirent devant l'horreur imaginée.

Les mains tremblantes, il se versa du tafia, alluma une cigarette, et, à son tour, se coucha, les yeux loin du dormeur. Mais, au bruit, le sous-officier s'agita sans tout à fait s'éveiller, et Vergy dut, malgré lui, relever la tête, le revoir encore.

L'homme ne montrait plus que son dos sur lequel plaquait une flanelle mince, mouillée de sueur. Seule, la peau de ses bras et de sa nuque apparaissait nue, ici rouge, comme cuite, jusqu'à la racine des cheveux court taillés, blanche là, tendre, féminine presque, malgré le bout d'un tatouage, d'un bleu pareil au bleu des veines. Parfois des mouches s'y posaient qu'elle chassait d'un frisson.

Sa cigarette dix fois éteinte et rallumée, le brigadier la fixait toujours, cette nuque. « Ce serait aussi une place bonne... » Mais sa pensée se cabra, peureuse, au retour de la vision antérieure, à l'imagination du cadavre que ce corps vivant pourrait être, si vite — s'il le voulait, lui!... Alors, il souhaita dormir, et il tint ses yeux clos, longtemps, s'efforça de disséminer ses rêves, de se transplanter mentalement...

Une heure ou deux ainsi passèrent. Rémillot sommeillait toujours, se retournait parfois quand sa transpiration collait à sa couchette sa joue ou ses bras. Une fois, il parla tout haut, poussa deux ou trois plaintes, et Vergy tressaillit, comme s'il avait été la cause de ses plaintes. « Je ne lui ai rien fait... encore! » pensa-t-il puérilement, un vague remords pointant en lui de ses pensées précédentes, un besoin égoïste de se constater innocent. Et il se demanda si, justement, dans son cauchemar, l'autre ne se croyait point aux prises avec son ordinaire victime? Elle lui arracha un amer sourire, cette supposition que, peut-être, son persécuteur, dans le noir mystérieux de son somme, la sentait perforant sa nuque, sa gorge, son cœur, la pointe vengeresse dont tantôt le veilleur les lardait en pensée!...

Le sous-officier gémit encore, et si fort que le jeune homme, se levant, se pencha vers le lit. Mais, tout de suite, il se rejeta en arrière et, la pupille dilatée, la gorge étreinte, il ne bougea plus; et son regard aimanté ne la quitta plus, la tête du dormeur.

Rasant les cheveux, à moins d'un demi-doigt du crâne, un rayon de soleil s'étalait sur le dossier de la couchette, venait expirer sur les bottes du *marchis* — un rayon mince, pareil à une flèche, aigu comme elle...

D'une fente de la paillotte, sous le toit, il se glissait, frêle et traître, se dardait, inexorablement rigide, et léchait l'oreiller avant d'enfoncer au pied de l'autre mur son oblique et vibrante trajectoire.

Et, plus aiguë que le rayon, pareillement lumineuse, intangible et brûlante, une idée vrillait le cerveau du brigadier, comme ce rayon vrillait la muraille, l'espace et le silence obscur, — comme il allait vriller la tête offerte.

Très pâle à présent, Vergy comptait les secondes, mesurait à des repères improvisés, à des pailles du mur, la marche de la flèche lumineuse. Encore un instant, et elle allumerait l'or des cheveux ras, baiserait félinement la peau blanche du crâne, puis, sournoise, elle le trépanerait, ce crâne !

« Ah ! bon sang de bon sang !... Avoir rêvé de me venger d'un coup de pointe. Imbécile !... Et après? Et après ?... Le coup fait, Rémillot refroidi, ce serait l'enquête, le conseil de guerre, — douze balles de mousqueton pour l'assassin ! Tandis que le soleil !... Ce bon soleil du Soudan !... Dors, mon vieux !... Dors !... Ce soir, tu délireras, et, demain, à bout de fièvre, tu crèveras, comme ont crevé les autres, les bons *types* que le soleil surprend une seconde, tête nue, du Sénégal au Niger!... »

Il se tut de penser. Cela l'effarait, cette vengeance providentielle. Une Justice venait d'en haut... Oh! le bon, le bon soleil!... Et cependant, elle le choquait un peu, au fond, cette Justice de hasard. Sa première gratitude s'émoussait à la voir cheminer, si lente, si fatale, sans conscience de l'œuvre nécessaire, — du meurtre. Et puis, vrai! trop facile, et lâche un peu!... Il dormait, ce gros porc! Il ne se défendait point de l'insolation!...

Le rayon avançait toujours.

« D'abord, il ne le saura pas, Rémillot, le pourquoi de son supplice. Les condamnés à mort ont le greffier qui lit la sentence, détaille les motifs, cite le code. Mais lui?... Son agonie ne s'en prendra qu'au ciel tropical, qu'à ce Soudan maudit, qu'à l'ignoble brousse : — il s'en ira ignorant d'où lui sera venu le coup!...

« Le lui dire tantôt, au premier frisson de fièvre, aux premiers vomissements, ou à l'aube, demain, quand il ne pourra se lever, s'en prenant à tous, entre deux accès de délire?... Oui, ce serait une vengeance, ça! et parfaite!... »

Par avance, il la vécut, se la peignit, cette scène, et Rémillot, d'abord incrédule, jurant ensuite, s'apeurant, s'excitant enfin, hors de lui, en plein accès, jusqu'à ce qu'il le fît ficeler et amarrer sur une voiture du convoi — pour son bien. Ah! ah!... Oui, il lui dirait ça : « Gueulez pas, *marchis*. C'est pour votre bien! »

Cette phrase, il l'avait prononcée à voix presque haute, et l'écho de ses propres paroles le fit sursauter : — et il n'alla pas plus loin, une sueur froide aux tempes, effrayé d'avoir combiné cet épouvantable raffinement...

Le rayon n'était plus qu'à un centimètre du crâne.

Vergy, maintenant, se trouvait lâche, s'éperonnait du souvenir de ses misères, repassait humiliations, punitions, passe-droits, injures, ses cinq mois de petites tortures, cuisantes à son orgueil, douloureuses à sa loyauté, mortelles à ses projets d'avenir. Est-ce qu'il allait la plaindre, cette fripouille, cette canaille, qui, pour rien, pour le plaisir, lui cassait sa vie?... De son fait, ne perdait-il pas le bénéfice de sa campagne et ses galons attendus de *marchis* ?... De la pitié, alors qu'il allait être signalé, de chef en chef, à tous les officiers, à toutes les batteries, à toutes les colonnes, *tenu à l'œil,* suspect enfin aux plus indulgents de par son feuillet de punitions?... « Jamais, n.. de D... ! Jamais !... Qu'il crève, la rosse !... D'abord, ça fera une place dans le cadre, et le capitaine, dont il était l'homme de confiance, oubliera peut-être alors ses rapports anciens !... »

Le rayon s'était encore avancé.

Et qui donc la regretterait, cette brute?... Non ! là, vrai ! était-il assez laid, vautré dans sa sueur, ronflant comme un ivrogne qu'il était, dépoitraillé, et si sale !... Il ne s'était même pas lavé en arrivant à l'étape! Il puait!...

Avait-il seulement une famille, ce rengagé à trois brisques, incapable de faire même un adjudant?... Oui, qui le pleurerait? Qui donc, sauf ses victimes, s'apercevrait seulement de sa disparition?...

Parbleu! il savait bien : en apprenant sa mort, ceux de Lorient diraient : « Pauvre bougre! » se raconteraient ses histoires, s'attendriraient à la cantine. Mais ceux d'ici, du Soudan?... Ils le connaissaient, leur Rémillot, la bête mauvaise, insociable, le chef cruel à ses sous-ordres, provocateur et dur.

Tout de même, reprenait-il, c'était vrai, ça, qu'il n'avait pas toujours été cette brute malfaisante. En France, et ici aussi, dans les débuts, on le disait bon garçon, bon camarade et, une fois sa responsabilité à couvert, coulant dans le service. Ça lui était venu, sa bile, sa canaillerie, d'une rage à n'avoir pas été médaillé au dernier 14 Juillet, et ce, malgré ses droits acquis, ses notes et une blessure reçue en « service commandé »... Mais était-ce une raison pour qu'il se vengeât sur son monde ?...

Le rayon touchait son but.

« Un millimètre encore et ça y sera! »

Vergy baissa la tête, s'efforça de fumer, se reversa du tafia, fixa les pieds du lit, — ignora le soleil. Et il se répétait, la bouche sans salive, le pouls détraqué : « Le plus ancien brigadier proposé pour l'avancement, c'est Nerton... Il est à l'hôpital, fichu... Le plus ancien après, c'est moi... Donc, n'y a pas! Rémillot mort, je décroche mes galons!... Il faut un sous-officier d'abord, pour assurer le service, et je ferai toujours fonction de *marchis* en attendant... »

« En attendant... En attendant... » Les mots répétés en litanie moururent dans sa gorge. Il songeait, à cette heure, qu'il faudrait l'enterrer, Rémillot ; creuser un trou dans la brousse, l'y jeter sans cercueil, sans rien... et puis, empiler des pierres par-dessus à cause des hyènes qui déterrent les cadavres...

Et un long frisson lui glaça l'échine.

III

Le rayon de soleil avait atteint le crâne.

Une touffe de cheveux sembla s'enflammer, et, là, se posa une pièce d'or, un louis flambant neuf.

Des secondes coulèrent encore. Vergy, sans souffle, n'entendait plus son cœur.

Tout à coup, il tressaillit. Le dormeur bougeait. D'un effort gauche, sa main se portait à sa tête, s'efforçait d'écarter quelque chose, du geste dont on chasse une mouche... puis retombait inerte.

Le brigadier s'était approché. Titubant, il se

heurta contre une cantine, ramassa le casque du *marchis* — et, doucement, lui en couvrit le front.

Sur la toile blanche, la pièce d'or s'était faite pièce d'argent, mais sans pouvoir se fixer, oscillante. Sous le poids de la coiffure, la tête s'agitait, et Rémillot, se tournant, grommela, puis s'éveilla. Alors de ses yeux troubles, il surprit son voisin debout à son chevet, les mains tendues encore — pour maintenir le casque.

« Qu'est-ce que tu f... là? jura-t-il. Plus moyen de dormir?... »

Vergy balbutia :

« Le soleil... Vous l'aviez sur la tête et j'ai...

— Bon! bon!... interrompit le *sous-off*. — Et, furieux de sa sieste interrompue : — Sale brousse de malheur!... J'aurais bien dormi une heure encore! »

Assis en tailleur sur sa couchette, il tirait sa montre :

« Déjà quatre heures!... Et le pansage, bon

sang !... Et vous êtes là à me regarder !... Alors, mon petit, vous ne voulez pas, décidément, en fiche un coup ?... Allons, ouste ! du vif !... Allez voir les mulets et secouez-moi ces sales nègres !... »

Vergy déjà sortait. Il le rappela :

« Et en passant, dites à Boubou de m'apporter l'absinthe ! »

Le brigadier obéit. Les jambes molles, il traversa le camp, réveilla les hommes, les poussa vers les animaux. Ensuite, comme il s'appuyait aux brancards d'une voiture pour ne pas tomber, et ne bougeait plus, écrasé, Mahmadou Semba lui toucha l'épaule :

« Toi, boire aussi beaucoup tafia !... Ca bon, hein ? »

Et, très ivre, un plus large rire découvrant ses dents de loup, le nègre ne vit point sur les joues du soldat rouler de grosses larmes.

LE BLANC

A Pol Neveux.

LE BLANC

Entre Badougou et Goniokory, sur la route de Kita, j'ai rencontré une panthère et un blanc...

La panthère s'est rasée dans les herbes, puis s'est retournée pour nous voir. Sa tête s'écrasait, vipérine, au ras du sol; sa moustache de chat se hérissait; et son œil s'arrondissait, bilieux, pointillé d'or. J'épaulai. Lors, elle se sauva d'un bond d'épouvante.

Le « blanc », on me le montra plus loin, sous le baobab des haltes et des palabres, à l'ombre duquel s'arrêtent les caravanes des *dioulas*.

Il s'épouillait sur le sable parmi d'autres esclaves *malinkés*, sa charge déposée devant lui...

« Tu vois, m'a dit Mahmadi, nous avons aussi des blancs!... »

Sans doute ne l'aurais-je point sans ce mot remarqué. C'était, d'ailleurs, ce « blanc », un simple albinos soudanais, un affreux monstre, dont la face et le torse, décolorés par endroits, semblaient tatoués de lèpre, mangés de moisissures, dont la peau enfin, avec son pigment malade, rappelait invinciblement les figures peintes au seuil de certaines baraques de foire, contre-façons de musées Dupuytren, « visibles pour les hommes seulement »!...

Haussant les épaules et tâchant de réfréner le dégoût qui primait ma pitié, je voulus expliquer à mon Mahmadi le « cas » de ce « nègre blanc ». Mais le *boy* éclata de rire, ne me crut point; et tous riaient avec lui, ravis de me montrer un « blanc » captif. A la fin, le propriétaire des esclaves, en ricanant à ma barbe, releva son phénomène d'un coup de pied.

Sans révolte, le misérable captif fut debout tout de suite. Sur sa tête il réassurait son lourd fardeau. L'autre cependant le bourrait encore. « Hue donc, le blanc!... Hue donc! »

Alors je poussai mon cheval sur le groupe et je levai ma cravache. Le marchand de chair humaine aussitôt s'écrasa, comme s'était écrasée la panthère. Son œil bilieux s'arrondit, pointillé d'or; puis, mon bras s'abaissant, il s'écarta d'un bond d'épouvante.

Et la brousse nous sépara.

REVANCHE

A Georges et Paul Clémenceau.

REVANCHE

Depuis un moment, la locomotive a ralenti sa marche. Ses roues se refusent ; sa chaudière poussive halette ; des crampes fréquemment paralysent ses pistons.

Mais elle lutte...

Un effort la reporte en avant, un effort bref. Elle ahane, s'arrête, repart, s'arrête encore, — ne bouge plus enfin. Il ne lui reste que la force de geindre ; et son inutile vapeur en fusant a des râles d'asthmatique...

Elle n'est pas morte : elle meurt.

Cependant la brousse, le ciel, le vent, et l'âme même du paysage africain exultent. Ils s'excitent à cette agonie, l'incendie d'en haut, la fournaise d'en bas et le souffle qui rôde entre ces deux forges !...

Bientôt, comme s'ils se repaissaient d'une victoire, ils insultent la bête expirante. La chaleur s'exaspère sur la moribonde et l'écrase ; l'atmosphère enflammée vibre au-dessus de ses tôles et rit de leur attiédissement ; le soleil teint le foyer de la machine en rose, s'étale en maître sur ses cuivres pâlis.

La brousse toutefois est plus cruelle...

Ce monstre de fer, qui la narguait tantôt, et courait — en semblant la faire courir, — elle l'étouffe de sa sylve rabougrie, de sa végétation de zinc vert-de-grisé, de son immuable immobilité, de son horizon morne ; — et, sans grandeur elle-même, elle le rapetisse, — à présent qu'il ne marche plus.

Or, la vapeur à la longue cesse de fuser, la chaudière de râler. Un gargouillement suprême; et c'est fini : — loin de nos banlieues qui, dédaigneuses, la déportèrent, la vieille locomotive est bien morte.

Sur la voie déserte, elle aurait l'air d'un hippopotame si sur son cadavre on voyait des vautours.

AU FIL DE L'EAU

A Claude Monet.

AU FIL DE L'EAU

Des reflets d'acier bleu rutilent au zénith. Le ciel pèse, très bas. Il est d'étain à l'Est ; mais, là-bas, aux confins où tantôt sombrera le soleil, de plombeux miroitements s'étalent, — de ces miroitements indécis, fugitifs, tels qu'en projettent les faces neuves d'une balle coupée dont, à peine oxydée, la section déjà s'embrume...

Au-dessous le fleuve — Sénégal ou Niger — dort, à son plus bas niveau, et pourtant coule, — coule, on dirait, par habitude.

C'est un ruban large, monotone, monochrome, triste. Un ruban sans éclat. Coupée de la veille, la balle de plomb endort ses luisants sous une pareille buée terne...

Et cependant, çà et là, des moires y flottent, encadrant, au milieu du lit ocreux et morne, un sillon lumineux, que l'heure rétrécit en fuyant au cadran d'en haut, — un sillon de paillettes et de sequins.

Grasses et lourdes, elles dorment aussi, ces moires : huiles survivant au frai du poisson, émulsions surnageant des pourritures animales... Seulement, sous certains angles, elles s'irisent. Et l'on y retrouve, en se penchant, ces lueurs d'arc-en-ciel dont le savon des lavandières teint l'eau des *rûs* — chez nous.

Ces *rûs*, on y pense encore, on les évoque mi-taris par nos humbles canicules, quand la pirogue atteint le confluent d'un marigot.

Là, des bancs de sable et de vase « découvrent » ; là, des troncs d'arbre se sont échoués, sous les saulaies d'Afrique, sous les rôniers ou les palmiers nains, — de vieux, de vénérables troncs, et de jeunes aussi, que les inondations de l'hivernage ont sans doute arrachés à la terre... Car les hasards du courant les ont rangés par familles, les ont échelonnés. Il en est des groupes : le père, dirait-on, et la mère et les petits. Rugueux, boueux, grossièrement équarris, une extrémité en biseau, en museau de brochet, l'autre en pointe, ils gardent les écailles qui hérissaient jadis leur stipe de palmiers fiers.

Et les singes doivent les reconnaître. En voici qui viennent boire auprès. Et les oiseaux aussi qui picorent la vase, alentour, plus familiers encore, des échassiers, dont ces soliveaux sans doute vont tenter les pattes lasses...

Le *somono* ou le *laptot* me sourit à la barre, désigne mon fusil et chuchote :

« Tire donc!... »

Si gracieux, le singe!... si frêle et clair, l'oiseau!... Je fais la sourde oreille. La pirogue d'avancer toujours. Et voici que singes et échassiers s'épeurent, — s'enfuient. Au vol des ailes, au froissement des branches, les troncs d'arbre ont frémi. Le plus gros, le plus vieux, le plus mort, s'émeut même jusqu'à perdre sa rigidité. Son extrémité en biseau s'ouvre, comme sous la poussée d'un coin, et bâille; les écailles de son stipe se tendent et se détendent; — puis, tout à coup, un œil s'y perce, vairon.

Et, fttt!... Plus rien! L'eau s'est ouverte, en courtes jaillissures : les caïmans ont lestement réintégré le fleuve. Les moires contrariées ne rappellent plus les *rûs* lointains; les troncs d'arbre ne rayent plus la berge de sable ou de vase; et *laptot* ou *somono,* le nègre de barre, privé de « son gibier », maugrée sous le ciel de métal, dans l'air soudain empuanti de musc.

L'ESCLAVE

Au maître Rodin.

L'ESCLAVE

Il m'avait rendu quelques petits services, ce brave homme de nègre. Et puis, un éclair d'intelligence, parfois, affinait la puérilité de son rire perpétuel; et, d'autres fois aussi, son dévouement tentait de l'emporter sur sa paresse.

Donc, comme il était esclave et comme j'allais partir, je lui proposai de l'acheter à son maître afin de l'émanciper dans les formes légales.

Mais il refusa, — comme ils refusent tous.

« *Moi captif,* baragouina-t-il, en riant de toutes ses dents : *Moi content ! Si toi vouloir moi pas captif, toi donner argent à moi et moi devenir chef de case et acheter captifs !...* »

Pour l'approuver, mon cuisinier, qui parle français, lâcha *son* fourneau :

« Que ferait Boubou une fois libre ? m'expliqua-t-il. Il lui faudrait se nourrir, s'habiller, se loger, toutes choses incombant à son propriétaire... N'est-il pas plus heureux aujourd'hui, vivant de la vie de son maître, vêtu comme lui, mangeant de même et ne travaillant guère plus ?... Possédant à son tour des esclaves et chef de case, il serait quelqu'un, oui ! Mais sans esclaves ?... Un noir qui n'a pas de noirs, conclut mon Vatel, c'est un... »

Et ne trouvant pas en notre langue le mot qu'il voulait dire, il cracha violemment, pas assez loin de ma casserole, avec un mépris dont ma générosité dut prendre sa part.

Le même soir, mon brave homme de nègre

me rapportait un de mes singes en rupture de laisse depuis la veille.

(Mon cuisinier n'était point là, vendant au camp mes restes et ce qu'il m'avait volé.)

« Ah! fis-je, en réamarrant la bête; je n'espérais plus revoir mon *golo*. Je le croyais retourné parmi ses camarades, dans la brousse... »

L'esclave rit encore de toutes ses dents; puis, sentencieux :

« *Lui jamais revenir avec ses camarades!*

— Et pourquoi?

— *Eux tuer lui!... Les singes toujours tuer le singe qui fut captif.* »

L'INCENDIE

A Fernand Vandérem.

L'INCENDIE

... Vers trois heures du matin, nous avons levé le camp. La nuit était noire, sans lune, et les étoiles semblaient plus lointaines, givrant à peine quelques sommets d'arbres.

Les porteurs expédiés en avant, on se mit en selle. Nos gens, interprète, palefreniers, domestiques, nous encadraient. Ils brandissaient de grossières torches de paille; et la brousse, au contraste de ces lueurs tremblotantes, se noyait, derrière et devant nous, en de plus noires ténèbres. Sur nos flancs, des verdures au contraire apparaissent distinctes, et s'effaçaient, le temps d'un éclair, aussitôt remplacées par d'autres, que la nuit dévorait à leur tour.

Les rênes molles, nous allions, lourds de sommeil, rappelant sous nos paupières à demi fermées les rêves si brusquement interrompus tantôt. Et, tiède, l'air ne nous réveillait point, ni la marche trop lente, au pas triste de nos chevaux. On vacillait, sur le point toujours de tomber, plus près du somme que de la veille; mais quand, la conscience abolie, on s'endormait vraiment, un écart de nos montures nous faisait sursauter, et l'on rouvrait les yeux avec désespoir.

C'était un noir qui venait de secouer sa torche sur le sol pour desserrer les liens en bottelant la paille. Le cheval calmé, l'on regardait alors s'enchevêtrer les ombres de notre file indienne dans le cercle ambulant qu'éclairait plus fort la lumière ravivée. Puis, las, blasés, nos yeux se refermaient encore, jusqu'à ce qu'un nouvel écart de nouveau nous éveillât, effarés, une palpitation violente au cœur. Cette fois, c'était la torche, à bout après ses douze ou quinze minutes de combustion, que le nègre venait de jeter après en avoir allumé une autre prise à sa réserve. Le tronçon enflammé lancé sur l'étroite sente brûlait au ras du sol un court instant, repérait, quand on se retournait, le chemin parcouru dans le noir, telle une lanterne au seuil d'un tunnel...

Et derechef le somme était repris, interrompu, repris, entre deux torches, — entre deux tétées à la gourde remplie de café fade...

Or, un moment vint où mon cheval s'endormit aussi, insensible aux gestes brusques des porteurs de flambeau. Peut-être encore m'étais-je habitué à ses écarts... Et ce qui m'éveilla, ce fut un vent chaud à ma nuque, un crépitement à mes oreilles, le pas soudain relevé de ma bête : — la brousse entière derrière nous brûlait.

Je ne grondai pas les noirs...

Enfreignant nos ordres formels, ne se sentant plus surveillés, ils avaient, fidèles à leurs habitudes, jeté leurs torches aux trois quarts consumées, non plus sur la piste de sable, mais à droite, à gauche, dans le mâquis soudanais, parmi les graminées sèches et les arbustes cuits et recuits de soleil.

Et, la plaine flambant déjà, en demi-cercle, un rideau de flammes nous poursuivait; — et si beau le spectacle apparaissait, — si grandiosement neuf et beau, — que nos reproches ne voulurent point sortir...

Les étoiles avaient déserté le ciel dont la voûte semblait noire jusqu'à mi-coupole, alors que l'horizon s'élargissait, sang et pourpre, surmonté d'aigrettes d'étincelles, rayé de fumées blanches et rousses. Plus près, nous atteignant presque, la flamme demeurait rose, verte et jaune, au-dessus de l'immense brasier. Là se distinguaient les victimes; là, des plaintes râlaient. Assiégés par le serpentement des lianes en feu, les rares arbres échevelaient leur tête incendiée, éclataient en feu d'artifice, en « bouquets » de pyrotechnie. Leurs feuilles brûlaient, violettes; leurs fûts brûlaient, soufre; et, rôties les premières, de grosses branches rougeoyaient, blanches par instants quand la brise les tisonnait plus fort. Au-dessous, le gramen flamboyait comme un punch, — le temps d'un rêve. Et jalonnant les lacs noirs des clairières, il restait seulement sur les traces du flot dévorateur, au delà de cette écume, des arbustes entêtés à ne pas mourir qu'entourait une arrière-garde fuligineuse.

Mais, déjà franchi le plateau d'herbes, un massif nouveau s'abîmait sous les lames du feu, fondait comme une cire... Un pétillement de mousqueterie, la canonnade des gros troncs éclatant, précédaient la marée sinistre.

Bientôt, dans la seconde moitié du ciel, les étoiles disparurent. Une aurore, avec nous venue, les chassait. Il faisait aussi clair qu'à midi. De loin sur la piste prochaine, nous pouvions désigner les cimes que l'incendie rejoindrait tout à l'heure et qui nous éclaireraient plus fort.

Sur nos têtes des oiseaux filèrent dont on distingua les ailes colorées; et, sur nos flancs, des animaux durent aussi s'enfuir, car des craquements tout près coururent, des sillons de feuilles froissées, où tout de suite se rua la flamme...

Notre envie de sommeil était loin. Nos noirs sifflotaient, heureux de n'avoir plus la corvée des torches...

A la halte horaire, au bout de cinquante minutes, on se reposa, — sans mettre pied à terre, l'ennemi trop près. Même on repartit avant la fin normale de la halte, car des bouffées plus chaudes nous éventaient, chargées de cendres.

On repartit; on s'arrêta; on repartit. L'incendie seul ne faisait pas de pause. Un ravin ne l'arrêta point, ni, plus loin, la colline d'où nous le regardâmes venir. Sur l'autre versant de ce mamelon, c'était la nuit, la nuit soudain; et les chevaux butèrent, une pointe d'aube issue de l'incendie nous éclairant, seule, vaguement, de dos. Mais, tout à coup, la crête s'illumina; la flamme dévala sur nos traces; et, d'un horizon à l'autre, la plaine se reprit à flamber.

Nous allions, les yeux en arrière, insensibles au torticolis, irrassasiables de la monstrueuse féerie, hypnotisés comme des enfants devant l'embrasement des fêtes publiques. Et pourpre, orange, blanc, vert, jaune ou violet, l'incendie demeurait irrassasiable aussi, dévorait brousse, futaies, plateaux, mâquis, rayonnait à des lieues, féroce victorieux du féroce Désert.

Un peu avant six heures, un plateau nu d'oxyde de fer, puis une muraille de rochers nous arrêtèrent. Au delà c'était le fleuve. Un dernier coup, on regarda l'incendie que devait arrêter ce barrage.

Plus lent, il approcha, tenta de mordre sur la pierre, et, découragé, s'immobilisa. La mer de feu, maintenant étale, ne grondait plus. Les dernières flammes s'éteignaient, ou s'acharnaient au large à des troncs d'arbre comme des chiens à des os. La plaine, peu à peu, à l'Ouest, ne fut plus qu'un foyer incandescent de braises dont les reflets ensanglantaient le ciel. — Brusquement, alors, nous vîmes que, du côté du fleuve, le matin venait. Le soleil était proche. On se remit en selle; on trotta vers l'Orient à travers un crépuscule fugitif, antitropical, artificiel, exquis, où le jour était rose et la nuit était rouge.

LE CONVOI

A Paul Bourget.

LE CONVOI

I

Blessés ou malades, ils étaient une vingtaine qui, du Haut-Niger, descendaient vers Kayes pour y prendre, en chalands sur le Sénégal, la route de la mer, — la route de France...

Chaque halte cependant enfiévrait de querelles leur triste convoi, les soldats se disputaient entre eux, comme entre eux les gradés. Trop longues pour les plus invalides, les étapes semblaient trop courtes aux autres déjà convalescents. Et la pensée que, volontaire ou non, le moindre retard, en leur pouvant faire manquer le départ des chalands, risquait de reculer leur rapatriement d'un mois peut-être, les exaspérait tous d'une pareille colère.

« Un mois encore de misère après tant de mois?... Jamais!... »

Plus féroce que le soleil, plus pesante que la chaleur, plus déprimante que la fatigue, la terreur de cette prolongation de peine exacerbait alors le mal dont se sentaient atteints fiévreux et dysentériques, impotents et amputés. Car elle n'en avait épargné aucun, l'affreuse affection de l'Ouest-Afrique qui empoisonne les caractères et parfois dessèche les cœurs durant que le paludisme vicie le sang anémié : — la *soudanite*.

« Non! non! pas de *rabiot!...* »

Sur ce cri les plus faibles retrouvaient la force de se remettre en selle. Fantassin, spahi ou artilleur, chacun en effet avait son cheval;

et le marin de la bande, un quartier-maître des canonnières du Niger, serrait lui aussi entre ses jambes maigres une rosse, — dont il était très fier d'ailleurs.

Toujours en tête, ce *mathurin!...* Plantant dans les talons de ses savates de grosses épingles de pansement volées à l'infirmerie du bord, sans cesse il éperonnait sa monture; et quand deux sentiers se croisaient dans la brousse, on reconnaissait souvent celui qu'il avait pris aux larmes de sang espacées de foulée en foulée, faisant une piste à sa victime. Tout à coup, à un carrefour, on le retrouvait, inquiet de la direction à prendre. De loin, il interrogeait ses compagnons. On échangeait des lazzis et des injures; mais on n'essayait plus d'un temps de galop pour le rejoindre. Les bêtes se refusaient, — retour, elles aussi, de la campagne du colonel Combes, efflanquées, époumonées, poussives, douloureusement pitoyables à l'égal de leurs maîtres, rétives enfin comme si elles avaient deviné qu'en leur demandant pour dernier effort d'enlever ces soldats écloppés, on avait surtout voulu les voir mourir règlementairement, dans les formes, à Kayes, sous l'œil d'un vétérinaire et le régulier constat d'un procès-verbal...

Ils étaient vingt, dont six sous-officiers : — un spahi, deux artilleurs et trois *marsouins,* sergents d'infanterie de marine détachés aux Tirailleurs indigènes. Le reste de la caravane comprenait neuf légionnaires, un sapeur télégraphiste du génie, trois canonniers et le matelot. Douze noirs enfin suivaient en trottinant la petite colonne, et sur leur tête rase portaient vivres et bagages...

Tous les matins, vers les huit ou neuf heures, on s'arrêtait dans un village nègre quand il s'en trouvait un, ou, si non, dans les huttes en branchages marquant, au bord des marigots, les campements anciens des convois de l'artillerie ou du train. Souvent, le feu les avait détruites, ces huttes, et, dans le cercle vert-de-gris de la brousse, le camp n'était plus qu'une esplanade blanche et noire, d'où les sabots des chevaux soulevaient une poussière de cendres. Mais le quartier-maître Bannalec lui-même refusait d'aller plus loin. Et pendant que les plus infirmes se laissaient tomber, épuisés, sur le sol, les autres se précipitaient vers les flaques d'eau, souvent croupie, survivant dans le lit tari du ruisseau, à l'ombre des palmiers nains.

« Ne buvez pas!... » criait le chef — qui déjà se courbait pour boire.

Et, désobéissant, tous lampaient, quelques-uns à même la mare, couchés à plat ventre. Un clapotis s'élevait comme en font les meutes à l'étang, après la chasse...

Pour tous, d'ailleurs, n'était-ce pas le seul bon moment de la journée, cette ardente et brutale descente à l'abreuvoir disputé aux chevaux? leur seule jouissance, cette eau fade dont la tiédeur lavait du moins leur langue sèche, la cuisson de leurs lèvres, leurs moustaches grillées, et pour une heure apaisait leur soif en jetant à leur pauvre corps ses poisons subtils?...

Lorsqu'ils se relevaient, hors des feuilles, le soleil leur semblait plus furieux, la plaine plus vibrante. Certains titubaient, comme ivres; et le casque blanc un instant quitté écrasait plus lourdement leur crâne.

Cependant, les porteurs ayant construit ou reconstruit les huttes, ils s'y précipitaient, se couchaient vite en attendant le déjeuner que préparait un des noirs : de la viande de conserve, ou bien, s'il leur restait quelque argent et s'ils avaient rencontré un village en route, des poulets étiques ou des œufs. Le repas fini, arrosé d'eau encore, et auquel beaucoup touchaient à peine, sans force pour mastiquer leur biscuit, la sieste les prostrait jusqu'à ce que s'abaissât le soleil. A ce moment leur réveil ramenait les ordinaires querelles.

« Debout! criait le maréchal des logis Busseau, chef du détachement comme le plus ancien en grade. Debout!... Nous allons encore *bouffer* quelques kilomètres!... »

De vagues grognements lui répondaient du côté des troupiers, des injures du côté des sous-officiers ses égaux. « On avait déjà fait cinq lieues le matin... Bon sang de bon sang! on n'allait pas plus vite l'autre mois avec *Combo* quand le colonel f...ait la chasse aux *sofas* de Samory; mais, au moins, y avait des coups de fusil!... Est-ce qu'il voulait les faire crever?... »

Pourtant, il n'en démordait point, hélait les noirs, faisait seller les chevaux, ramasser les bagages, tirait lui-même nattes ou couvertures de dessous ses compagnons qu'il mettait debout en alternant ordres et prières.

« Allons, vieux, du courage!... un peu de nerf! Plus tôt nous serons à Kita, plus tôt tu iras mieux. Au poste, d'abord, il y a un médecin; et puis, nous y aurons du pain, du vin, de la viande fraîche, — du tabac!!! On achètera des conserves chez le traitant!... Ce que tu me remercieras quand, après une bonne absinthe à l'eau fraîche, on te servira un semblant de *frichti!...* »

Pour la fin, il réservait son éternel et plus gros argument :

« Si nous sommes à Kita le 25, nous pourrons prendre à Kayes le convoi de chalands du 5 mai. Entendez-vous, bande de *rafalés?...* Le 5 MAI! Et pour peu qu'on descende vite le Sénégal, nous serons à temps à Saint-Louis pour attraper le dernier paquebot du mois à Dakar et être en France huit jours après!... Hein! les enfants : *huit jours!...* Au contraire, si nous manquons le convoi du 5, si vous mollassez, il faudra attendre le suivant à l'hôpital de Kayes, y crever de fièvre ou de misère; et ceux qui en réchapperont ne seront peut-être pas chez eux avant juillet!... Ça ne vous dit donc plus rien, le *patelin?...* »

Galvanisés une fois de plus par cette pensée du retour au pays, ses camarades à la longue se levaient. Et, paterne, Busseau les encourageait encore, les forçait à rire, rédigeait le menu du *gueuleton* qu'à Bordeaux on s'offrirait tous ensemble en débarquant. Grand, mince, sec, le bras droit en pantenne cassé par une balle, la prunelle jaune, la peau ictérique, maigre horriblement, il n'était jamais abattu, semblait de fer ; et, malgré sa blessure, malgré la fièvre intermittente qui le ravageait, son vouloir ne faiblissait point, une flamme toujours au fond de ses yeux caves.

Dressés à l'obéissance passive, les soldats étaient en selle déjà : Bannalec prêt à partir devant, en éclaireur, les neuf légionnaires, mornes, hachant entre eux de l'allemand, tandis que le sapeur et les canonniers, pour la millième fois, invectivaient « le métier » et le Soudan.

« Si seulement on avait du tabac !... »

Busseau, qui faisait l'appel, s'arrêtait tout à coup :

« Allons, Gestel !... »

Gestel, un petit sergent-fourrier de tirailleurs, ne répondait point. Tombé ou descendu de cheval, — on ne savait au juste, — il s'affalait dans la poussière ; et le maréchal des logis, tour à tour furieux et cordial, n'arrivait pas à le relever.

« Je ne puis plus... je ne puis plus... »

Le *marsouin*, la face exsangue, ses dernières forces abolies, ne répondait rien autre, ne se plaignait pas davantage.

« Eh bien, bois, mon vieux ! bois !... »

A la caisse d'un noir, le chef prenait une des six bouteilles de vin qu'on lui avait remises au départ du Niger « pour les plus malades », et remplissait un *quart* d'ordonnance.

« Bois donc, n.. de D...! »

De gré ou de force, Gestel entr'ouvrait ses lèvres blanches, avalait quelques gouttes. Un camarade lui passait une prise de quinine roulée dans une feuille de papier à cigarettes. D'un effort, le malade l'absorbait, surmontait un hoquet et achevait la tasse à gorgées lentes.

Les neuf légionnaires, une sauvage envie dans leurs yeux de faïence, le regardaient boire, et les autres soldats, — et tous. Et quand, parfois, prêt à s'évanouir, il le rejetait, ce vin sans prix, les Allemands haussaient les épaules : et le sapeur gouaillait, presque furieux :

« Si c'est pas dommage!... »

On repartait. Franchissant le marigot, la caravane se réenfonçait dans la brousse, à la file indienne, au pas, puis serpentait sur des plateaux d'oxyde de fer, tristement roses, affreusement dénudés, grimpait de maigres faîtes rocheux, descendait, retrouvait la brousse encore, la brousse toujours, les champs de graminées sèches, épars entre des buissons défeuillés et des futaies basses, rôties, sans ombre, — noires et nues ainsi que des taillis brûlés par l'hiver. Çà et là, au pied des gommiers et des faux acacias, du sable ou bien des cendres blanchissaient le sol, semblaient être des tapis de neige. Et l'ironie de ce mirage arrachait à beaucoup des jurons.

Le soleil en déclinant exagérait son flamboiement. Tous inclinaient leur casque du côté du couchant et clignaient des yeux, un drap rouge tendu devant eux dans l'espace. On ne parlait plus. Exhalant la chaleur emmagasinée tout le jour, la terre leur soufflait à la face des bouffées torrides. Leur veste de zouave décollée de leur poitrine et grande ouverte, ils épongeaient leur torse ; et cette peau blanche de jeunes hommes, sous les mains hâlées, presque de nègres, qui l'essuyaient, ressemblait à de la chair de femme.

Des fois, une harde de sangliers ou de biches rompait le silence et la solitude d'une galopade brusque sur les flancs du convoi, s'enfuyait sous des flocons de poussière. Ou bien, c'était l'envolée de pintades surprises, l'éclair d'une tache ardoise sur l'implacable bleu du ciel. Seul, alors, Gestel, tout à la queue de la colonne, ne levait ni ne détournait la tête. Cramponné des deux mains à ses fontes pour ne pas rouler, les jambes ballantes, il vacillait sur sa selle, pareil à un mannequin, à un ivrogne, les yeux clos.

Quand approchait la nuit, les porteurs confectionnaient des torches avec des bottelettes d'herbe sèche, de longues pailles, qu'ils ficelaient pour les allumer au moment où, soudaines, sans crépuscule, les ténèbres tombaient à l'Est, mangeant en un clin d'œil la pourpre moribonde attardée à l'autre horizon.

Une vie renaissait alors. Le casque ôté, que la jugulaire retenait à la selle, blessés et malades retrouvaient des paroles, s'égayaient aux incendies que les noirs allumaient en secouant leurs flambeaux dans la brousse. Un sillage de feu semblait courir derrière eux, montait par places en rideau de flammes. Des lianes mortes flambaient autour de rares arbres ; et les étoiles au-dessus pâlissaient, avaient l'air de mourir. Trop vite, on s'habituait à ces féeries. Le silence de nouveau revenait et, plus écrasante, la fatigue oubliée un instant. Les chevaux butaient. L'air demeurait tiède. La brousse soufflait une haleine de four mal éteint ; et tandis qu'ils allaient encore, tels des ombres, de temps à autre, on entendait la toux rauque d'un des porteurs nègres, phtisique.

Enfin, au bout de trois ou quatre lieues, Busseau s'arrêtait. C'était, comme le matin, à un village ou dans un campement ancien. Cases ou huttes, d'ailleurs, l'abri était tôt choisi, ou réparé. Beaucoup ne mangeaient pas, terrassés par la lassitude, le sommeil, ou leur mal, et gardaient leur pitance pour le premier déjeuner du lendemain. Gestel donnait la sienne au sapeur et s'étendait. Quand la double étape avait été forte, il délirait une partie de la nuit, et, réveillés, beaucoup s'impatientaient, en des accès de *soudanite*.

II

A quatre ou cinq heures du matin, le chef du détachement secouait derechef tout son monde. Les noirs allumaient de nouvelles torches, et le voyage recommençait, pareil, à la fraîcheur près, tant exquise. Le poitrinaire noir toussait plus fort; quelques blancs grelottaient, les plus fiévreux. Les autres dormaient sur leur cheval, glissaient quelquefois, remontaient, s'endormaient encore. Et, à la seconde halte horaire, le jour éclatait, brusque, comme brusque était tombée l'ombre, la veille.

« Allons, Gestel!... Allons, mon pauvre vieux!... Allons, sale rosse!... »

Mais, ce jour-là, ni prières, ni menaces, ni le cordial du vin ne purent remettre debout le petit fourrier; et la halte se prolongea.

« Je ne puis pas!... Je ne puis pas!... »

D'abord affectueuses, bientôt impatientes, rageuses ensuite, les exhortations pleuvaient. Busseau, hors de lui, gueulait : « N.. de D ..! tu vas nous faire manquer les bateaux! » et il recommençait son compte, supputait les dates, leurs chances. Le *marsouin* ne répondait plus, l'œil fixe, agitait seulement la main d'un faible geste qui demandait grâce, qui criait : assez!

« On dirait qu'il ramène le drap sur lui! fit à mi-voix un canonnier. Il est flambé, pour sûr!... »

Alors tous se retirèrent et l'on tint conseil. On ne pouvait rester là, n'est-ce pas? Il fallait partir, et l'emporter, puisqu'il ne pouvait plus se tenir à cheval; mais comment?... Un seul parti s'offrait : gagner le prochain village, réquisitionner des indigènes. Et cette idée les ralliant tous, on revint au malade. Quatre des noirs, au lieu de leur fardeau habituel, empoignèrent Gestel, le chargèrent tant bien que mal sur leurs épaules; et, derrière eux, le convoi reprit sa marche, un long temps poursuivi par les cris du légionnaire préposé à la surveillance des bagages abandonnés, qui recommandait de vite lui renvoyer les nègres et auquel les Allemands répondaient par de gros rires, très amusés de sa faction.

« Ça va, Gestel? » disaient de temps en temps ses camarades.

Il ne répondait toujours point, agitait seulement une main encore; et l'on alla longtemps ainsi dans la furie de la lumière et de la chaleur, à travers l'éternelle brousse.

Le village! enfin le village!... Bannalec les hélait de loin, agitait ses bras en télégraphe.

« Personne! criait-il. Les hommes d'ici ont f.... le camp pour ne plus être pris comme porteurs par l'artillerie. N'y a que des vieilles, des gosses et des *invalos* qui disent comme ça que les habitants sont à défricher leurs *lougans*, là-bas, vers le fleuve... »

Busseau jura si fort que le malade rouvrit les yeux; puis, enlevant son carcan, il se jeta dans le village, le fouilla.

Le quartier-maître avait dit vrai. C'était la solitude. Quelques vieilles seulement, des captives, pilaient le mil et le maïs de leur couscous; trois ou quatre noirs hors d'âge, aveugles ou impotents, sommeillaient au seuil des cases; une demi-douzaine d'enfants, nus comme des vers, se faufilaient entre leurs jambes, épiaient, curieux et farouches, les mouvements des *toubabs;* mais nul homme valide n'apparaissait, nulle femme même qu'on pût réquisitionner.

Busseau ne jurait plus, son vouloir revenu, une flamme plus vive au fond de ses yeux caves.

« Qu'est-ce qu'on va f.....? interrogea Bannalec.

— Repartir!

— Et... lui?

— On va l'installer dans une case. De Kita nous l'enverrons prendre... »

Une seconde, ils restèrent muets, tous, un froid tombé; — ensuite, amicaux, fraternels, ils s'empressèrent autour du malade.

« Ce sacré *flemmard* de Gestel!... Tu vas te reposer, mon vieux, et dans trois jours, tu nous rattraperas! »

Les quatre porteurs renvoyés en arrière pour reprendre les bagages n'avaient pas disparu que le fourrier était installé dans la meilleure case, ses petites affaires auprès de lui.

« Garde ma natte et ma couverture, disait

Busseau. Voici le vin qui nous reste, — une bouteille et demie; voici de la quinine, deux paquets d'ipéca... Voici ton livret... »

Ensuite, on lui apporta sa part de biscuit et de viande d'endaubage, la ration de trois jours. Chacun s'inquiétait. « As-tu tout ce qu'il te faut, ma pauvre vieille?... Soigne-toi! » Il souriait, déshabitué des paroles douces, béat de se sentir couché à l'ombre, la tête hors du casque, les pieds et le torse nus. Un sergent de tirailleurs, son collègue, lui éventait le front. Il le remercia et lui surprit à l'œil une larme.

« Grosse bête! » fit-il.

Mais son sourire s'était éteint, et il feignit de dormir pour ne plus voir personne.

Le légionnaire et les porteurs étaient de retour. On avait mangé, fait la sieste; le soleil descendait à l'horizon : Busseau commanda le départ. Tous les gradés avant de remonter à cheval entrèrent alors dans la case, serrèrent la main moite de l'abandonné.

« Oui... oui... merci... adieu! » murmura-t-il; et ils s'en allèrent très vite.

Bannalec ne galopait plus en tête du convoi. Lentement, il marchait entre le maréchal des logis et le sapeur, et parfois il se retournait, regardait décroître les toits coniques du village. Les paillottes bientôt disparurent, et cette pensée lui échappa :

« C'est tout de même *rosse* ce que nous faisons!... »

Le maréchal des logis fronça le sourcil.

« Qu'est-ce que vous auriez fait, vous, le *mathurin*?... J'ai mon détachement à conduire, j'ai mes ordres... Il est seul, et nous sommes dix-neuf!... »

Ils se regardèrent tous trois, les yeux troubles.

« Et puis, laissa tomber le télégraphiste du génie, seul ou pas, le pauvre bougre a son compte, j'en ai peur. Vaut même mieux qu'il soit dans une case à se reposer. S'il doit en réchapper, ce sera plutôt là qu'à Kita. On crève ferme à ce poste. Nous en avons enterré trois en décembre en descendant à la colonne. C'est le Ségou de ce côté-ci... »

Ils se turent encore, et ils semblaient tout aux tourterelles sautillant devant eux sur la sente, ou aux perdrix qui se levaient sous les gommiers à leur approche. Mais, tout à coup, Bannalec, s'arrêtant, les arrêta.

« N.. de D...! J'ai encore là dans mes fontes un tout petit brin de tabac, mon restant, que j'avais caché... Partagé, n'y aurait pas une cigarette pour chacun... Faut que je le lui porte!... »

Et, ce disant, il tourna bride, piqua sa bête, et s'en fut au triple galop. Quand il dévala dans le village, entre les cases rondes, de loin il aperçut le petit fourrier assis devant sa porte.

Le malade s'était traîné là, et son œil fixe, obstiné, guettait la route par où s'en était allé le convoi. — Le quartier-maître n'osa pas descendre : « Tiens, vieux frère ! » bégaya-t-il en lui jetant le tabac. Il voulut parler encore, mais les mots se refusèrent, sortirent en breton. Gestel alors releva la tête.

« *Kénavo !* » murmura-t-il.

A ce « merci » breton, le marin sentit un frisson glacer son échine. Un *pays ?* Un *pays ?*... Mais le petit fourrier secouait la tête : « Non, non, chuchotait-il dans un souffle, mais j'ai été en garnison à Brest... » De la main, il renvoyait le visiteur. « Adieu !... Adieu ! »... Alors, sans piqûres d'épingle, son cheval remporta le quartier-maître cramponné à la cinquième rêne et sanglotant dans les crins.

III

Toute la nuit, toute la matinée suivante, Gestel délira. Il trottait en rêve dans la brousse, arrivait à Kita, refaisait des étapes connues : Badumbé, Dioubéba, les bords du Backoï, Bafoulabé, prenait le train primitif menant à Kayes. Puis c'était la descente du Sénégal, de longs jours, la quarantaine à Matam, l'eau jaune, luisante, les berges inhospitalières, Saint-Louis enfin, un autre train, Dakar, la mer, le paquebot, et Bordeaux, et Paris, — maman !...

Lorsqu'il s'éveilla, le soleil ardait dans l'embrasure de la porte. Des cigales au loin stridaient. Il ne se reconnut point, se souleva; mais deux bras le retenaient couché; et réhabitués au grand jour, ses yeux distinguèrent à son chevet une vieille négresse accroupie. Maternelle, elle le maintenait, le grondant en une langue barbare. Il ne résista plus, revenue sa mémoire. Alors dans une calebasse elle puisa de l'eau, lui aspergea le front, lui tendit ensuite la calebasse même. Et elle parlait toujours, sans qu'il comprît. Il but. L'eau était presque fraîche, limpide. A présent, la vieille lui présentait du biscuit, des œufs. Il fit : non, de la tête. Elle le laissa seul.

Les heures coulèrent. La nuit tomba, molle et bleue. La négresse revint, toujours bavarde et caressante. Il but encore. Puis le village s'endormit; une hyène ricana dans les lointains; et la fièvre le reprit, et le délire : — on l'avait enterré, et, dans son cauchemar, c'était lui, pourtant, qui entassait de grosses pierres sur sa propre tombe pour écarter l'hyène du cadavre. Une horreur l'étreignit, une épouvante le souleva; et, tendant les bras dans la nuit, il hurla d'angoisse.

L'aube reparut, l'inexorable incendie, la tenace chaleur; et l'ombre ensuite, et le jour encore. Il ne distinguait plus sa veille d'avec son délire; et il n'avait plus l'air de souffrir en une ivresse tranquille. Penchée sur lui, la négresse le contemplait de ses bons yeux attendris, s'empressait à rafraîchir ses tempes, ses lèvres, sa poitrine. A travers un brouillard, il la regardait, lui parlait, l'écoutait sans l'entendre, lui répondait encore quand elle était partie; et il lui racontait des choses très longues, très douces.

Le troisième jour au soir, comme elle s'éloignait, il la retint, se blottit contre sa vieille poitrine ; et peut-être comprit-elle le dernier balbutiement de ses lèvres, car elle demeura.

« Maman... maman... »

Après, il ne bougea plus. Le coma noya sa pensée, vernit ses prunelles tendres. Son front et ses pieds se glacèrent ; et les chiens du village hurlèrent dans la nuit.

Le matin, quand les porteurs, envoyés de Kita par Busseau, arrivèrent, leur brancard sur la tête, le petit fourrier dormait le grand somme. La vieille négresse chassait les mouches de la figure du *toubab* en l'éventant avec son livret.

L'OISEAU PORTE-MALHEUR

A Pierre Loti.

L'OISEAU PORTE-MALHEUR

... Vous rappelez-vous votre Sophocle, ô Loti qui ne lisez jamais.

Ne dites pas non, car il est un vers inoubliable, un vers de *Philoctète,* qui va vous revenir sans efforts de mnémotechnie, composé qu'il est uniquement d'*hélas!* répétés, de παῖ... παῖ... monotones comme des sanglots.

Vous vous en souvenez, n'est-ce pas, de cette plainte douloureuse où l'exilé met son angoisse, le blessé sa souffrance aiguë?...

Eh bien! récitez-le, chantez-le plutôt, un peu vite, d'une voix de tête, — nos voix du lycée avant la mue; — et cette mélopée, puisque je ne puis en écrire ici la triste et grêle musique, vous permettra de vous imaginer le chant de l'*oiseau porte-malheur*.

Quel est, *qui* est cet oiseau?... Je l'ignore. De loin seulement, je l'ai vu, — d'assez loin. Sauvage, il dépiste les curiosités, et quand j'ai voulu le tirer, un bras toujours a fait dévier le canon de mon fusil.

« Ne provoquez pas le sort! » disait notre compagnon, le capitaine basque, un brave chevronné, dix fois blessé au feu.

Et je n'ai pas « provoqué le sort ». Seulement, d'aucuns parmi nous raillent le vieux soldat et l'oiseau. Leur jeunesse imagine d'imiter le soir, et d'imiter à s'y méprendre, lorsque le camp s'endort sous la lune, le cri plaintif de l'augure ailé. Si bien qu'à la longue, à trop l'entendre, ce cri, on croit percevoir une résignation dans sa désespérance...

Mais l'oiseau se venge. Quand les étoiles pâlissent, quand nos foyers tombent au rose, quand le sommeil écrase fiévreux et valides, il se rapproche des tentes ou des cases; et alors sa plainte s'enfle, s'élargit, plane comme un glas sur la brousse obscure; et toutes les désolations de la terre, les révoltes, les désespoirs se lamentent en son frêle gosier; et la peur surtout, la sinistre angoisse de demain, — du Demain qui sera pire...

Une fois, comme je l'épiais, réveillé en sursaut, et frissonnant, un pied encore dans le rêve, je surpris le Basque qui l'écoutait aussi, dressé sur sa couche, les prunelles blanches dans le noir.

« Il chantait comme ça, fit-il d'une voix basse et grave, à Hoa-Mock, à Bac-Lé, partout, au Tonkin, où j'ai perdu des amis ; et ici aussi, au Niger… Sûr ! Il mourra quelqu'un !… »

Il n'est mort personne, — de ceux du moins que j'aime, — personne encore ; et mon propre sang bat impétueux, resté jeune et riche…

Il n'est mort personne. Mais tant d'espoirs, tant de rêves sont morts en moi ! Et dans le cimetière où dorment mes chimères, je le réentends parfois chanter, l'oiseau du Tonkin,

l'oiseau du Soudan,

— l'oiseau de PARTOUT.

Brousse d'Asie

UN BRAVE

A François Coppée.

UN BRAVE

« ... Sept ans!... Il y a sept ans de ça! Comme le temps passe! Je crois toujours que c'est d'hier... »

Et le colonel se tut, les yeux au loin, dans le passé. D'abord, on respecta son silence; et puis, on était vraiment ému dans le cercle d'habits noirs entourant son uniforme. Cette marche sur Lang-Son, ce siège de Tuyen-Quan, il les avait peu à peu, d'anecdote en anecdote, racontés tout entiers, sans phrases et sans pose, sans « je » surtout. Il parlait des autres, jamais de lui ; et sa parole nette, ses descriptions brèves, précises, ses mots simples, toujours justes, faisaient tableau, évoquaient les paysages et les batailles, sonnaient le vrai.

On le regardait, si jeune encore, maigre et sec, la peau cuite par tous les soleils ; on cherchait ses yeux clairs, dont la douceur embuée gardait la flamme des vingt ans sur ce visage de quarante ; mais les yeux se dérobèrent, gênés, timides, car on lui parlait à présent de ce qu'il n'avait point dit, de son cinquième galon et de sa rosette gagnés à la pointe du sabre, là-bas, dans ces épiques journées.

Puis, quelqu'un — le docteur — le questionna sur le moral des combattants. « Voyons, n'y avait-il point parfois de défaillance quand on se voyait un contre dix, quand, les renforts ne venant point, on serrait les rangs en marchant sur le corps des camarades ?... »

Le colonel releva la tête.

« Si fait !... il y eut, il dut y avoir ce que vous appelez des défaillances ; mais, ce que je puis vous affirmer, c'est qu'on ne les vit point, c'est qu'aucun recul ne les traduisit !... Il n'y a que dans les romans que les soldats n'ont jamais peur. Nos *marsouins*, comme les autres, durent sentir plus d'une fois un vilain frisson leur courir sur les reins. Mais ils n'en disaient mot ; ils se raidissaient ; ils s'éperonnaient, et ils allaient de l'avant, — de plus belle. Les hommes regardaient les officiers, et les officiers regardaient les hommes. Appelez ça de la suggestion, si vous voulez. Toujours est-il que ceux qui venaient de souhaiter, tout bas, être ailleurs, devenaient les plus enragés...

« Tenez, il y a un bouquin que je voudrais voir distribuer à tous nos conscrits dès l'arrivée à la caserne : *Le Livre d'or de l'Infanterie de marine*, du capitaine Nicolas. S'il vous tombe sous la main, à vous, messieurs, qui êtes des civils, feuilletez-le. D'abord, parce que vous y trouverez les chiffres que l'*Officiel*, à ma connaissance, n'a pas donnés; ensuite, parce qu'il raconte les petits côtés de nos guerres, les faits d'armes isolés, les actions d'éclat accomplies par des humbles : officiers subalternes, sous-officiers, simples soldats... des tas de traits que le public ignore sous couleur que ça s'est passé trop loin, ou parce qu'ils sont noyés dans un rapport, résumés en deux lignes d'un ordre du jour...

« Ce bouquin, docteur, répondrait mieux que moi à votre question...

« Des défaillances ?... Si on avait pu, si on avait osé en avoir, c'eût été la nuit, — le 2 mars surtout, tenez. S'être battu tout le jour, et le ventre presque vide, ne pouvoir dormir... Alertes sur alertes, coups de feu, et de la pluie !... la pluie de là-bas !... Ah ! c'était atroce, cette recherche des blessés dans le noir et dans l'eau ! Et ces cris ! ces plaintes !... Ça ne s'oublie pas. Impossible d'allumer une lanterne pour reconnaître un camarade démoli : les Chinois tiraient sur toute lumière!... Par bonheur, ça ne dura pas longtemps. A trois heures du matin, on recommençait à se battre, et on ne pensait plus à ce qu'on avait pu entendre près des ambulances. Les blessés eux-mêmes nous encourageaient. Oui, c'est exact, — rigoureusement! Les lieutenants Moissenet et de l'Étoile, deux braves marsouins blessés la veille, blessés à mort, avaient été portés sur le chemin pour avoir un peu plus d'air, et on se détournait pour ne pas leur marcher dessus. Eh bien, quand nous passâmes, ils eurent la force de nous crier : « Si nous gênons, rejetez-« nous dans le fourré! »

« Une heure après, ils étaient morts.

« A ce moment, malgré les fougasses, les mines, et tout, nous culbutions l'ennemi à l'arme blanche. La brigade venait enfin à bout de quinze mille, — je dis quinze mille — réguliers Chinois; et Tuyen-Quan était débloqué. Seulement, la pauvre infanterie de marine savait ce que ça lui coûtait ! Pour ne citer qu'un chiffre : le bataillon Mahias, fort au départ de six cents hommes et de dix-neuf officiers, ne comptait plus que trois cent sept hommes et six officiers !...

« Des défaillances ?... Personne n'en montra. On pensait aux anciens de Bazeilles, aux camarades de Tuyen-Quan qu'il fallait sauver, et on ne songeait plus à sa peau.

« Je me souviens, tenez, qu'un matin, avant le combat, le courrier fut distribué, le courrier de France. Un des nôtres, le commandant... — appelons-le : Martin, si vous voulez, — n'attendait rien. Sans parents proches, il ne recevait guère de lettres. De temps en temps, un mot d'un camarade qui, resté en France ou dans une colonie pacifiée, l'enviait. Parfois aussi le rappel sentimental d'une *ancienne* calculant à l'approche du terme que la solde de campagne est plus élevée et qu'on doit faire des économies à la guerre!... Et voilà que le vaguemestre remet un pli à mon Martin. Pli cacheté, écriture inconnue. Il ouvre d'un geste indifférent, lit, devient tout pâle, referme la lettre, la met dans son portefeuille, la ressort, la relit, répète deux fois ce manège, et reste pâle. Le clairon sonne. Il ne l'entend pas. « Vous avez reçu de mau« vaises nouvelles, mon commandant? — Non. « balbutie-t-il, au contraire! » Et il part, comme un automate. Aux premiers coups de fusil, il hésite, il ralentit le pas. Avec sa lorgnette, il s'arrête à fouiller les positions contre lesquelles on marche, puis à chercher, derrière nous, notre artillerie dont le feu nous protège et prépare notre besogne. Brusquement il entend un de ses hommes qui dit à un serre-file : « Ça « s'annonce mal, le père Martin n'a pas l'air « content. » Pas content, lui?... Ah! nom d'un chien, il n'est plus pâle! Tout ce que l'anémie coloniale lui a laissé de sang lui monte à la face; il se crie comme Henri IV : « Tu as peur, « sale carcasse : eh bien, tu vas voir! » Et l'on n'a pas sonné la charge qu'il est à la tête de son monde et qu'il l'enlève, son vieux bataillon. Les Chinois faisaient un feu du diable. Deux fois il fallut s'y reprendre, mais notre furie l'emporta à la fin. On encloua hommes et pièces dans le fortin conquis, et ses troupiers acclamèrent le commandant dont le sabre était rouge...

« Tout le jour encore, il fut à son poste, fit carrément son devoir, donnant l'exemple. Et le soir, au bivouac, il montrait à ses officiers la lettre qu'il avait reçue. Un notaire de son pays lui annonçait un héritage : six ou sept mille francs de rentes, la succession d'un oncle inconnu. Pauvre Martin !... Il l'avouait à présent. Ça lui avait fait un coup. La veille, il ne pensait pas aux balles, à la possibilité d'être tué. Il se battait, tout naturellement, et, aux bons moments, il y prenait plaisir. Tout à coup, grisé par cet argent, s'imaginant sa vie désormais heureuse, les voyages possibles, et un bon cheval, quelques bordées à Paris, et la femme, la femme !... l'amour permis enfin... tout à coup, dis-je, il s'était vu en imagination couché dans la rizière, le crâne ou le ventre ouvert, agonisant... Et alors, il avait senti à ses reins ce vilain frisson dont je vous parlais tout à l'heure, une angoisse presque, et il avait eu du mal à se vaincre...

« Ça le troubla quelque temps, cette fortune. Il fut quelques jours un peu... chose. Le matin, quand on se formait, — le matin seulement, et pendant quelques minutes, — il lui semblait dur de se battre... »

Le colonel s'était tu, ses yeux au loin encore, dans le passé. Et soudain, avec un bon rire vaillant, qui sonna comme un clairon :

« Ensuite, j'en ai repris l'habitude! »

LA GUERRE

A F. Musany.

LA GUERRE

Ce jour-là, nous arrivions devant Bac-Ninh, d'où les Chinois s'étaient enfuis. Et nos canons tonnaient pour rendre les honneurs au général en chef; et nos tambours ronflaient; et nos clairons fanfaronnaient l'apothéose...

Au pied des remparts, il courut comme un enthousiasme sur des bouffées de *Marseillaise*; puis, par un étroit pont-levis, les troupes s'engouffrèrent, vibrantes du même pouls, affamées, harassées, glorieuses. Leur courant m'emporta.

L'âme de la foula entrait en moi, l'âme unique de tous ces hommes.

Hors de la voûte, une rue s'ouvrit, droite, longue, nue, que des paillottes bordaient, et des échoppes, sinistrement fermées, toutes. Devant les seuils méfiants, entre les façades muettes, personne. Vide, la ville. Vides, les maisons. Seules, des Chimères nous regardaient venir, du toit des pagodes. Mais il ne sortait pas le jappement dont nous menaçait leur gueule ouverte; et dans le lourd silence, le mystère de ces volets clos, de ces fenêtres condamnées, jetait sur l'hostilité des murailles la tristesse d'une face d'aveugle.

Pleurant en bruine, le ciel bas et plombeux coiffait d'un banal désespoir le deuil de ces désolations. Personne. Pas un être. Pas une bête. Les sabots de nos chevaux sonnaient au milieu de la chaussée sur des dalles. A droite, à gauche, ils battaient, à gros flic-floc, deux lits de boue couleur de beurre. Et de ce beurre sale semblaient bâties les paillottes aux murs en pisé, la morne cité tout entière.

Dans les rangs élargis, la joie tomba. Très loin en avant, les clairons s'entendaient à peine. L'allure se ralentit, aggravant les lassitudes. Il pleuvait toujours.

Longtemps on marcha, par des rues pareilles, longtemps, sans que l'horreur de ce silence et de cette solitude arrivât à paraître tragique. Méchantes aux vaincus, la pluie, la crotte, la laideur déjà vue des masures, étouffant les pitiés possibles, fouettaient d'ennui nos désillusions. Des soldats jurèrent. A la fin, agacées et brutales, des crosses de fusil s'en prirent à la provocation des hermétiques clôtures, à la sournoiserie rancunière des auvents. Des hurlements de chiens ripostèrent aussitôt à l'intérieur, et cette révélation d'une vie subsistant encore en cet abandon rendit au bataillon ses gaietés primitives.

Chaque homme en passant décochait un coup aux devantures, éborgnait quelque volet. Sous des arbres, au milieu d'un carrefour, un autel les amusait ensuite, humble et pauvre ainsi qu'un calvaire breton, un autel consacré aux âmes vagabondes des morts, et chargé de misérables offrandes. Avec de gros rires les serre-file, l'un après l'autre, ébranlaient le fût chétif; et l'autel s'écroula. Sur ses décombres, parmi les briques et les offrandes, des fleurs survivaient, déjà boueuses, de lamentables fleurs en papier. Un loustic les ramassa pour les ficher au bout de son fusil; son voisin qui les lui prit se les laissa voler par un autre, et le bouquet, parmi les baïonnettes, courut comme un volant jusqu'à la citadelle, où la colonne se disloqua.

Dès lors, cherchant mon gîte, je dus battre les rues, tout seul. Disparus les troupiers, éteint le bruit de leurs pas, le navrement des choses me pénétrait plus fort. Mon cheval, que n'entraînaient plus ses compagnons, butait sur les pierres. Tout à coup, il fit un écart. D'un fossé quelconque avaient surgi des loques, et, sous ces loques, un homme, un Céleste. Je reculai.

C'était un soldat. Entre ses épaules, sous des haillons, je distinguais une des deux pièces rondes cousues aux blouses d'uniforme, deux lunes d'étoffe jaune, matriculant sur le dos et sur la poitrine du régulier Chinois le nom de sa province ou le numéro de son régiment... Et je pensai d'abord qu'il avait peur après m'avoir fait peur. Adossé contre une case, la tête basse, il ne bougeait plus. Mais, en l'atteignant, j'aperçus du sang sur sa culotte bouffante. Les deux mains contractées entre ses cuisses, comprimant en torchon la bordure de sa blouse, l'homme tamponnait une blessure.

Comme s'il pouvait me comprendre, je m'offris à le conduire à l'ambulance. Il releva le visage : ma pitié se noya d'horreur.

Jaillissant des orbites, ses yeux à l'émail injecté, deux yeux blancs, énormes, comme cuits, essayaient de me voir, essayaient de comprendre. Leur tension angoissée vivait seule dans la hideur de la figure où l'agonie suait sur l'ivoire moisi du front, sur les joues cadavériques, vertes et bistrées, aux talures de fruit pourri. Car il ne criait pas, ne geignait même point. Et comment se tenait-il debout? Et comment, voulant me fuir, ma nationalité reconnue, put-il marcher encore?... Une seule main sur son bas-ventre, s'appuyant de l'autre aux murailles qu'il rasait, il se rapetissait, cherchant un creux.

Sous cet effort, la plaie s'était rouverte. Entre ses jambes, du sang dégoulinait, des eaux, que de ses prunelles sans regard il regardait tomber, se collant pour quelques secondes contre une porte, puis recommençant à se traîner. Et je le suivais, et je restais près de lui, sans paroles, stupidement impuissant, cloué là par cette badauderie qu'ont les femmes devant un spectacle douloureux dont elles ne peuvent s'arracher, — curieux enfin de la découvrir, sa blessure.

Je la vis. Il heurta des marches, tenta de les franchir, rampant presque, et, l'étoffe relevée, le trou béant m'apparut par où coulaient ses forces. Sans doute, l'œuvre d'un éclat d'obus... Un grand frisson me glissa sur l'échine ; je détournai la tête et je poussai mon cheval.

Sur un temps de galop, les faubourgs autour de moi se peuplaient. Se ruant au pillage, nos Annamites, porteurs de bagages, de vivres et de munitions, entraient à notre suite dans Bac-Ninh. Leurs bandes se faufilaient par les jardins et, du fond des logis murés, des cris déjà montaient, des lamentations de vieilles femmes, des aboiements, des écroulements de meubles, des glapissements de porcs, des chutes lourdes. Plus loin, quelques-uns de ces coolies s'attablaient en plein air. Accroupis sur leurs talons, et faméliques, ils jetaient des débris de lits à des feux sur lesquels de gros chiens rôtissaient tout entiers, la gueule sanglante. La pluie devenait brume. Un vent rabattait sur le sol la fumée des foyers, la puanteur chaude et le grésillement de la graisse. Réveillé, notre drapeau claquait au sommet de la citadelle, sur un *mirador*.

Elles m'orientèrent, nos couleurs. Je retrouvai l'âme de la foule, les camarades, et, dans la pagode qui m'était assignée, mes bagages, la joie du *tub*, la caresse du linge frais, du vêtement propre, puis, ayant fait peau neuve, la bienveillance optimiste issue du repos et du repas. On but à nos armes.

Du parc où s'alignaient des canons Krupp, flanqués de trophées de pavillons également pris à l'ennemi, nos flâneries avides de pittoresque nous ramenaient ensuite à la ville. Entre deux patrouilles, les coolies pillaient toujours; mais les allées et venues de nos soldats s'installant dans leurs cantonnements animaient, autour de la citadelle, la misère incolore des rues. Sur un parvis, des turcos dansaient au son de leur *nouba*. Chargés de pains et de quartiers de viande, des *lignards*, des *marsouins*, des artilleurs, des matelots revenaient de la distribution. D'autres corvées entouraient les tonneaux de vin, se disputant à qui serait servie la première. Et, sur la bigarrure des uniformes, une gaieté courait, des chants, des cris, un joyeux brouhaha de foire.

« Tiens!... un Chinois! » s'écria l'un de nos compagnons, en s'arrêtant devant mon blessé, qui se traînait encore au fond d'une ruelle.

Habitués à cette agonie ambulante, les soldats, que le misérable tâchait d'éviter, ne le regardaient même plus. Nous en appelâmes deux pour les prier de le porter à l'ambulance. « Il ne veut pas, » répondit le premier. « Et puis, ajouta l'autre, il a son compte. Notre major, qui l'a vu, a dit qu'il n'y avait rien à faire, qu'un Français serait déjà mort. » Notre pitié d'ailleurs visiblement les étonnait. Pour ces paysans en uniforme, glorieux et nostalgiques, ce n'était pas un homme, ce Fils du Ciel; et le blessé ne montrait pas pour eux moins de répugnance. Inquiet de notre rassemblement, de nos gestes, il clopinait plus vite, la terreur primant ses souffrances.

On le laissa partir. Quelqu'un expliquait la résistance des Asiatiques à la douleur, comparait leur sensibilité nerveuse à celle des Européens : « Dans nos hôpitaux, pour les amputer, les chirurgiens n'ont pas besoin de recourir aux anesthésiques... » Puis, nos cigares rallumés, la promenade continua.

Mais le blessé devait chercher une issue qui ne fût point gardée, car il allait en rond, autour de la ville, comme une bête traquée, et deux fois encore nous le retrouvâmes. Peut-être nous reconnaissait-il. Il s'incrustait dans la muraille; ses yeux de poisson frit guettaient nos armes. A la fin, avisant un turco qui musait, je lui offris cent sous pour qu'il achevât l'homme.

« Défendu, me répondit l'Arbi en riant, *macache tirer!* » Et, durant notre colloque, le blessé disparut dans la nuit tombante.

Le lendemain, je quittai Bac-Ninh. Sur le pont-levis, il me fallut fendre le flot des paysans annamites qui, rassurés sur nos intentions, accouraient, chargés de paniers, afin de piller, après les coolies, la ville abandonnée par leurs compatriotes. Un peu plus loin, au bord d'une rizière, je revis le Chinois, couché dans la verdure des jeunes épis, et plus grand.

Déjeté, les membres mous, il ne tamponnait plus sa blessure. Le trot de mon cheval fit, en passant, lever des mouches.

Au-dessus de la Brousse

et de la Vie

EN BALLON

A Jean Ajalbert.

EN BALLON

Du lundi soir 5, au mardi matin 6 mai.

Les pluies du matin, les pluies dont je m'effrayais, ont débarbouillé le ciel. Dans l'air bleu flotte une joie ; et la soirée s'annonce très douce, un avant-goût d'été dans sa printanière fraîcheur.

Cependant nos impatiences grimacent. Nous devions partir à cinq heures ; il en est six. Une foule entoure le ballon, l'habituelle foule, à La Villette aujourd'hui, conviée par *Le Figaro*, et demain chez Georges Petit, sous prétexte de tableaux. Entre les monstrueux gazomètres, elle grouille. La colonie américaine et la colonie russe se mêlent aux snobs des premières; mes voisines parlent chapeaux, et tandis qu'on amarre la nacelle, une gêne stupide, que connaissent seuls les timides, appesantit à mes épaules mon costume de voyage dont l' « incorrection » me désigne aux curieux.

« Voyez-vous, dis-je à un ami qui s'étonne de me voir consulter ma montre : on est toujours ridicule jusqu'au départ! »

Ah! ce départ tant souhaité! c'est pour moi la grosse sensation neuve, le premier chapitre de l'inédite fête que je me suis promise. En Europe, comme au cours de mes promenades autour du monde, j'ai tâté de tous les sports, essayé toutes les aventures. Et c'est pour cela que m'agace le public. L'imprévu s'enfuit; des banalités vont m'empêcher de savourer l'émotion du « Lâchez tout! » — Il ne manque, après les tartarinades de l'aéronaute Jovis, que la *Marseillaise* d'une fanfare municipale, la bénédiction en écharpe de « monsieur le maire » !

On est parti.

Cela s'est fait tout d'un coup, sans qu'on sache, durant qu'on répond encore aux souhaits de bon voyage. Un vétéran de l'aérostation, M. Gabriel Yon, a fait larguer les dernières amarres et « *Le Figaro* » a filé.

Oh ! si doucement !... Car elle ne déçoit pas, ô bonheur ! la félicité tant attendue ; et, pour une fois, les voyageurs de l'air ne nous ont point menti dans leurs livres.

Doux, infiniment doux en sa rapidité, ce premier vol, ce bond plutôt, s'opère sans secousse : nous n'avons point bougé ; l'horizon seul se meut ; l'usine se rapetisse, l'écoulement des spectateurs semble l'exode d'une fourmilière, et Paris apparaît, tel un panorama.

Ce qu'il faut dire aussi, tout de suite, ce qu'on ne criera jamais assez, c'est la béatitude profonde, l'exquise ivresse noyant ce premier ravissement. On veut lire la carte en relief qui s'étend à des lieues, sous son regard; et l'appellation des monuments, des forts, des paysages ne vous revient plus. On les cherche par habitude, on les voit parce qu'il faut les voir; mais l'entendement fonctionne mal, les colloques meurent en des incohérences, et la pensée sombre dans un bonheur. Ce qu'on s'en imaginait par avance, ce bonheur le dépasse de tout l'infini dont le rêve dépasse d'ordinaire la réalité. Les mots n'arrivent point pour le rendre. On a brusquement fumé un opium inconnu dont les alcaloïdes contiennent une extase spirituelle...

Sur mon calepin, je ne trouve, à présent après la notation de l'heure du départ et de la première altitude, qu'une brève sténographie consignant, non pas l'immensité de ces délices, — elles sont inoubliables, — mais la réflexion qui leur succède et tâche de les gâter.

C'est la confusion d'un éréthisme intellectuel : on voudrait posséder plusieurs cerveaux pour mieux et plus totalement jouir. C'est aussi l'égoïste regret de ne point être seul à sentir, et l'agacement nerveux ou jaloux que vous donnent le partage de votre envolée, l'audition de commentaires pareillement enthousiastes, mais en désaccord avec votre *la* intime...

L'heure est, en effet, venue des présentations définitives. Nous sommes six dans la nacelle : Jovis et Mme Jovis ; le second, M. Mallet, et deux autres passagers : un novice comme moi, M. Achille Bosisio, Italien et administrateur de la Société d'Aérostation, et M. Charles Arnould,

« de la maison du champagne Saint-Marceaux », un vétéran déjà.

Par bonheur, les conversations tombent vite, coupées par les découvertes et les changements à vue du spectacle.

Nous oscillons entre huit cents et quatre cents mètres, nous nous équilibrons à cinq cent cinquante environ, et le vent, par bouffées, nous pousse vers le Nord. Saint-Denis a disparu; l'horizon s'embrume d'une buée, rose et mauve à l'est, rousse au couchant, et dont on ne sait si elle est faite de vapeurs d'eau ou de fumées.

Au milieu de leur cirque, la campagne s'étend, tel un levé topographique, tel un plan d'arpenteur, sans que ses géométries soient déplaisantes. La terre est un damier, mais c'est une palette aussi, et puis les féeries du ciel ne discontinuent pas, et les surprises de la Seine dont les méandres jouent avec nous à cache-cache. Il est un de ses anneaux qui survit quand tous les autres se sont éteints dans le brouillard issu du crépuscule. Seul, il dessine sur le sol une initiale, la monstrueuse lettre d'enseigne que signe le soleil moribond. Là, rougeoie, puis s'argente et scintille le dernier adieu des clartés défuntes; là, l'eau s'attelle à des reflets changeants, charrie des feux d'artifice, pour s'abîmer brusquement à la queue du paraphe.

Et d'autres détails me reviennent encore, d'autres aspects, les mille et un enchantements qu'on ne peut, si divers, ne point retenir, et que la sensation de l'irrémédiable impuissance des mots interdit cependant de s'essayer à traduire. Les musiques des phrases, les recettes du métier ne les restitueraient point, les gâteraient au contraire dans mon souvenir...

La nuit tombe, la nuit tendre. La terre seule est obscure. Nous demeurons immobiles, et, pourtant, le cheminement des feux en bas nous dit notre marche au Nord. On dîne, après avoir lancé, dans des tubes de fer-blanc, des dépêches aux soldats et aux paysans qui nous acclament.

Des routes quadrillent de rubans blancs le noir panorama. Des vers luisants sont les voitures ; des fumées, des aboiements surtout, trahissent les habitations ; et les trains auxquels nous rendons, à coups de corne ou de cloche, leurs saluts apitoyés, nous semblent se traîner misérablement.

Parfois, le couchant se rallume. Montant et descendant, nous avons franchi les vapeurs qui nous le voilaient. A Sarcelles, à Villiers-le-Bel, à Écouen nous retrouvons l'agonie du jour ensanglantant l'horizon. Des voix nous crient le nom des localités, nous invitent à descendre, maudissent notre fuite qui trompe les curiosités. Des fanfares de cor et, plus horribles, les *couacs* des clairons des bataillons scolaires nous souhaitent la bienvenue. Est-ce la maison de la Légion d'honneur, à Écouen, ce château dont notre passage peuple les terrasses de tabliers blancs?... On ne sait. On n'a pas le temps de s'orienter : voici Luzarches, et, tout à coup, de la terre définitivement obscure et silencieuse, monte à nous une chanson de grenouilles, le mélancolique concert des étangs endormis.

De Paris, nous perdons, nous retrouvons et reperdons encore le phare de la tour Eiffel qui repère notre course. Une buée jaune plane sur la ville; on ne dort point là-bas; et le recueillement des champs sous nos pieds en semble plus doux, plus mélancolique. Par moments, des éclairs de chaleur zigzaguent au-dessus de la cité disparue. L'orage va nous poursuivre. Nous nous arrimons pour marcher avec lui.

Énorme et rouge, la lune surgit. Sa rapide ascension déconcerte. Elle se meut comme une femme, des traînes de nuages derrière elle, somptueuses et froides, lourdes et mouvantes. Ensuite, elle se fixe, nous regarde. Sur les baromètres enregistreurs nous suivons notre marche comme en plein jour.

Elle est étrange, cette lune. Sans doute réserve-t-elle ses morosités pour qui la contemple de la terre. Elle n'est plus triste, quoique pâle à présent, et nous opprime de sa bienveillance. Bon enfant plutôt que sereine, elle dégage aussi du calorique : le thermomètre remonte et le gaz du ballon se dilate. L'appendice en queue de poire qui pend, ouvert, très haut sur nos têtes, s'ouvre et se referme en cul de poule. Un moment, il bâille et laisse échapper des flocons blancs : notre excès de gaz s'enfuit.

« Tiens, dit Jovis, *Le Figaro* fume sa pipe !... »

On remonte, grâce au lest, et l'orage nous atteint. Des *cumulus* nous entourent ; de la vapeur d'eau nous noie, et la tempête nous emportant avec elle, il nous semble ne plus marcher. Ces nuages qui, vus du sol, doivent être noirs et menaçants, c'est pour nous une ouate que parfois traversent les rayons lunaires. Alors des paysages de nuées se révèlent, inattendus; avalanches de neige, des irisations, toute une magie inconnue, fantastique, dont la vaine description semblerait une gageure. Nous flottons dans l'irréel. Les chimères ont pris corps.

Par instants, au-dessous de nous, à un millier de mètres, un cirque se creuse dans les nuages, laisse entr'apercevoir des champs, des maisons. D'un bastringue villageois, il monte une musique, puis nous nous reperdons en haut, sans plus d'autre bruit qu'un égouttement monotone, un discret ruissellement sur la soie de l'aérostat. Et nous ne voyons plus d'éclairs, et nous n'entendons pas le tonnerre.

Minuit et demi. Où donc est l'orage? Nous avons tournoyé sur place, durant des heures, traversé plusieurs fois les mêmes rivières, les mêmes voies ferrées, où clignotent de pauvres feux.

La lune a reparu, et les étoiles. De nouveau, nous voguons dans un apaisement infini. De nouveau, l'on ne se sent plus vivre et songer.

Les minutes s'égrènent, les aiguilles de nos montres tournent, sans que nous nous en apercevions. Saint-Quentin n'est plus qu'un lumineux souvenir. L'ombre de notre ballon, un point noir d'interrogation qui court sur les champs, nous dit notre marche reprise vers le Nord.

Notre vol silencieux éveille dans les pâtures, dans les étables, dans les hameaux, des aboiements de chiens, des mugissements de bœufs, des chants d'oiseaux. On dirait d'une aurore.

Des canards surtout nous en veulent. Comment nous sentent-elles, ces bêtes ? Quel instinct leur dit notre promenade surnaturelle, l'invisible menace de notre sillon dans l'air ?

Seul, le rossignol dans la forêt des Ardennes ne s'émeut point. Ses trilles s'égosillent à cinq cents mètres au-dessous de notre nacelle, dans le velours bleu des futaies. Pour qu'il se taise, il faut le croassement des corbeaux qui nous devinent et s'éveillent, comme, tantôt, les animaux des fermes. Leurs clameurs effarées nous suivent jusqu'en Belgique ; mais là, pour nous être élevés par une maladroite manœuvre à quinze ou seize cents mètres, nous perdons le courant qui nous mène. Immobiles, au-dessus de la plaine où les moindres cours d'eau, couverts d'une blanche brume, nous apparaissent dans le vert, larges comme des fleuves, nous assistons à un incomparable lever de soleil.

Sur la terre, il fait noir encore qu'il nous illumine déjà, et *Le Figaro* frémit, son gaz dilaté, l'eau qui l'alourdissait s'évaporant. Nous montons, nous montons toujours, pour ne trouver notre équilibre qu'à quatre mille mètres.

Il est six heures, et, repu du spectacle de la plaine, je sens le sommeil me gagner. Aussitôt, et pour la première fois depuis le départ, la sensation d'un insolite danger m'envahit. Mon cauchemar me jette sur la terre, où, réveillé, je ne distingue plus les maisons parmi les taches du relief. Alors je n'ose plus ni dormir ni regarder l'espace. J'oublie les deux cent trente ascensions de Jovis et sa surprenante habileté de praticien, pour me remémorer la dernière hérésie scientifique qui lui a échappé tout à l'heure, et pour considérer le pauvre sac et demi de lest qui, de par son ignorance, nous reste. Sera-ce suffisant pour amortir notre chute tantôt?...

Et mes yeux se rivent au baromètre enregistreur. Nous descendons à trois mille cinq cents mètres pour revenir à quatre mille, et nous n'avançons plus. Deux heures se passent à cette altitude au-dessus du champ de bataille de Waterloo, — ce Waterloo qu'avec le ballon captif de Fleurus évitait Napoléon, puisqu'il n'aurait pu confondre Blücher et Grouchy!

Je suis nerveux, j'ai honte de le paraître. Je cogne du doigt le baromètre paresseux.

Et tout à coup, à huit heures moins un quart, l'aiguille oscille : nous descendons.

Nous descendons vite, très vite, plus vite. Nos oreilles bourdonnent, le damier des champs court à nous. Notre dernier sable, les débris de nos repas enrayent à peine la chute. Ce qu'il en reste, jeté juste à temps par Jovis, dont le beau sang-froid ne se dément pas, nous sauve d'un étang, d'un massif de vieux arbres, et des paysans empoignent notre *guide-rope* qui traîne.

Comme un oiseau se pose, *Le Figaro* s'abat, sans un heurt, sans un frisson, sur la terre belge, dans un champ de trèfle.

Il est à ma montre sept heures cinquante-cinq et nous sommes partis, la veille, à six heures quinze du soir.

Nous sommes à Hevillers, près de Mont-Saint-

Guibert (à quelques lieues de Bruxelles), et la cordiale et charmante hospitalité que nous offrent, en leur château, M. et Mme Everat et leur famille, nous fait prendre un instant pour le souvenir d'un rêve nos impressions de treize heures de navigation aérienne.

Mais *Le Figaro* demi-gonflé, superbe encore, est là qui témoigne. Il s'agite, nous rappelle.

Même quand l'oiseau marche, on sent qu'il a des ailes...

Hélas! on l'achève: on le vide, et cela nous serre un peu le cœur. Mais il n'a pas souffert et les trois passagers, en félicitant MM. Jovis, Mallet et Mme Jovis, ont ce cri du cœur:

« Quand repartons-nous?... »

Après la hantise de la mer, la hantise du ciel: je vais connaître tous les regrets.

TABLE

TABLE

DANS LA BROUSSE

BROUSSE D'ASIE

AU-DESSUS DE LA BROUSSE ET DE LA VIE

Achevé d'imprimer

le sept novembre mil huit cent quatre-vingt-quatorze

PAR

ALPHONSE LEMERRE

25, RUE DES GRANDS-AUGUSTINS, 25

A PARIS

I. — 2252

www.ingramcontent.com/pod-product-compliance
Ingram Content Group UK Ltd.
Pitfield, Milton Keynes, MK11 3LW, UK
UKHW012022240726
13965UKWH00002B/509

9 782013 421188